反出生主義入門

「生まれてこないほうが良かった」とはどういうことか

小島和男

青土社

反出生主義入門　目次

反出生主義入門——「生まれてこないほうが良かった」とはどういうことか

はじめに

「生んでくれと頼んだ覚えはない」と親御さんに言ってしまったことはないだろうか。その時、親御さんは、「何て酷いことをうちの子は言うんだろう」と泣き崩れたかもしれない。「親不孝者めが！」と怒り狂ったかもしれない。しかし、冷静に考えてみて欲しい。それは当たり前のことを言っている。「生んでくれと頼んだ覚えはない」のは当然のことだ。ワザワザ言う必要もなければ聞いて怒ることもない。そもそも生まれてくる前に人にものを頼むことができるだろうか。覚えていないのも当たり前である。頼んで生まれてきた人なんていないのだ。生まれる前は存在していないのだから。ただし、「生んでくれと頼んだ覚えはない」と言う時、誤配の出前持ちに対して「蕎麦を注文した覚えはない」という時のように、その状況が迷惑であるという文句を含んでいる。それは今の状況が苦しく不快で、そもそも「生まれてきたくはなかった」、「生まれてこないほうが良かった」という文句であり、嘆きだ。

反出生主義については、そういった「生まれてこないほうが良かった」という嘆きのある意味受け皿として、このところ人口に膾炙したように思われる。その元となり、また中心となっているのは、デイヴィッド・ベネター『生まれてこないほうが良かった』という一冊の本に語られている内容である。その中心となる思想や考え方について、適切に内容を理解し、更に考察を深めていくことを目指すのが本書『反出生主義入門』である。

そのような本を書くときに誤解されがちな点ではあるが、『生まれてこないほうが良かった』におけるベネターの主張に則って、読者を無理にでも説得しようという気は私にはない。ベネター氏には直接会って話したこともあって、確かに天才だなぁという印象はある。私は学者としての自己評価が低いので、つい自分と比べてしまって私が相手を天才だと判断するハードルは低めなのかもしれないが、私が天才だなぁと感心している多くの学者たちの中でもトップレベルだと思う。しかし、当たり前だが、所詮神ではなく人間であり、言うことすべてが正しいわけではない。また天才ではなく、甘く見積もっても二・五流の学者の私にも反論や個人的な意見はあり、また私が二流四流五流の学者だったとしても、それが間違っているという保証もない。その私の理解も含め、なるべくわかりやすく、特に第Ⅱ部では『生まれてこないほうが良かった』の解説を行う。その解説はあくまで中立的な立場に立って行うつもりだ。しかし、読んで頂くと分かると思うが、中立とは思えないという人は多いだろう。開き直るが、完全に中立的な立場ということはあり得ないのだ。なお、ベネターのテキストを超えて何かを語っている場合は断りを入れるなどの配慮はある程度しているつもりだ。

また、反出生主義と聞いて、嫌悪感を抱く方も多いようである。「お前は生まれてこないほうが良かった」と聞こえるのだろう。そんなこと言われたら確かに嫌だ。しかし、ベネターはそういう言い方は決してしない。「お前は」という日本語は限定を設けているようにも聞こえる。つまり、「お前」以外の存在者の中には生まれてきたほうが良かった存在者がいるようにも解釈できてしまうからだ。ベネターの主張する「生まれてこないほうが良かった」のはみんなである。しかも人間のみならず、意識のある存在すべてが、「生まれてこないほうが良かった」のである。つまり、反出生主義と聞いて「お前は生まれてこないほうが良かった」と言われたものとして腹が立つ人は、「生物は死ぬ」と言われて「お前は死ぬ」と言われたと思って腹を立てるようなものだ。「わざわざ言ってくれるな」という話はあるので、「そういう話は聞きたくない」「反出生主義は嫌いだ」と言って目を背けることもできるだろう。私も大学の授業で反出生主義を扱うことはあるが、必修科目で扱うことはほぼない。

それにその主張を聞いて、腹を立てて当然な人々もいる。例えば子どもがいる人々や、生き物の繁殖に携わっている人々である。特に、この人間社会に強くある出産奨励的な傾向の中で子を産み、また(とりわけ日本には強くある)ミソジニーに苦しめられながら、苦労して子育てをしている母親が、「子どもを作ることは倫理的に悪である」と言われたとしたら、ものすごく腹が立つだろう。このことに関してはベネターの反出生主義は明らかにその母親を、非常に冷徹で不躾な仕方で非難していることになる。子どもを作っていない人は子どもを作った人よりも倫理的に善いわけで、更に衝撃的なことを言えば、苦痛とともに生んだ母親よりも、ベネターによると、中絶をした人のほうが倫理的に善い人間であるということになるからだ。なぜベネターの解釈だとそうなるのかは本書を読んでいけば理屈として理解はできると思われる。しかし、理屈は理屈でしかない。嫌悪感があったり共感できないのはどうしようもない。聞きたくもないかもしれない。ただ、大抵の倫理学者は反省を強いたり、何か償うような行動を読んでいるあなたに積極的に求めるようなことはほぼないので安心して欲しい。そもそもそんな力がない。ベネター自体、遠くに住んでいて私たちに力を及ぼすような権力は持たない人間である。この私自身も皆さんにとってはおそらくあまり会うことはないだろう一大学教授でしかない。無視すること、忘れることはできるだろう。

もっと根本的なことを言えば、先にも少し言ったことだが、そもそも私なんかの言っていることが、ひいてはベネターの論が、真理である保証はないのだ。これは大事なことなので繰り返し強調しておきたい。またそれは、人間は神ではなく人間である限り完璧な知を手に入れることはできないからなのである。よって、真理かもしれない言説を思いつき、他者と会話し、知を求めていくしかない。それが所謂「哲学」の営みであろう。ひどく差別的な社会の中ではぐくまれてきて、権威的で、傲慢で、いまだそのことに反省の無い人々が主に営んでいるその「哲学」に不快感は隠せないが、人間が知を求めるのは割と重要で善いことだと思う。私たちは可謬の存在であり善いことが分からないから、それを求めることがかろうじて、いやかなり確かに、善い行いであると言えるからである。

そして善を求め、知を求める過程で「ひょっとしたら生まれること自体が悪いことなのではないか」「意識ある存在を存在させることは加害なのではないか」という思想（反出生主義）がハッキリとベネターによって打ち出されたのである。全員が全員そうすべきとは言えないが、縁のあった人はそれを議論し、検討することは、先の理屈故に善いことであろう。そのためにはまず理解することが必要だ。そして理解したうえで自分で考えることが必要なのだ。本書はそういった試みであり、反出生主義という思想へのそれぞれにとっての正に入門書となり得るものなのである。

哲学者デイヴィッド・ベネターは一九六六年生まれである。南アフリカ共和国にあるケープタウン大学の教授をしていたが、今現在はケープタウン大学を早期退職して南アフリカを離れている。ケープタウン大学では現在、「名誉教授（Emeritus Professor）」という立場である。

南アフリカ共和国は、アフリカの一番南にある国で、かつてイギリスの植民地であり、現在は、イギリス連邦加盟国の一つだ。英語が公用語の一つになっている。他にも一〇の公用語はあるが、基本的に英語圏といって良いだろう。英語の習熟を目的とする日本人の留学先にもなり得る国である。また、南アフリカといえば、アパルトヘイトと一九九四年に大統領に就任することでアパルトヘイトを撤廃させたネルソン・マンデラが有名である。

ベネター氏の単著は、本書で扱う『生まれてこないほうが良かった――存在してしまうことの害悪（*Better Never to Have Been:The Harm of Coming into Existence*）』（Oxford University Press, 2006）《（一）》の他に、『日常のための倫理学（*Ethics for Everyday*）』（McGraw-Hill Professional, 2001）、『第二の性差別――男と男の

子に対する差別（*The Second Sexism: Discrimination Against Men and Boys*）』（Wiley-Blackwell, 2012）、『人間の苦境——人生最大の問題への率直な手引き（*The Human Predicament: A Candid Guide to Life's Biggest Questions*）』（Oxford University Press, 2017）、『ケープタウン大学の凋落——衰退しつつあるアフリカの一流大学（*The Fall of the University of Cape Town: Africa's leading university in decline*）』（Politicsweb Publishing, 2021）、『非常に実践的な倫理学——日常の道徳的問題に取り組む（*Very Practical Ethics: Engaging Everyday Moral Questions*）』（Oxford University Press, 2024）があるが、『生まれてこないほうが良かった』以外の邦訳はまだない。

また、『生まれてこないほうが良かった』への反響は数多くあり、ベネター氏のケープタウン大学のサイトにもまとめられている。(2) 二〇二一年一一月には、同じ南アフリカのヨハネスブルク大学で、当時、同大学の哲学者サディアス・メッツによって「現代の反出生主義に関するワークショップ」が開かれ、ベネター氏も議論の中心として招かれた。ベネター氏の各反論への応答論文は、「考え得るすべての害悪——反出生主義への更なる擁護（Every Conceivable Harm: A Further Defence of Anti-Natalism）」（*South African Journal of Philosophy*, 2012）と「それでも生まれてこないほうが良かった

（1）日本語訳は二〇一七年に（デイヴィッド・ベネター『生まれてこないほうが良かった——存在してしまうことの害悪』小島和男・田村宜義訳、すずさわ書店）、改訳を施したその新訂版が二〇二四年に出版されている。

（2）https://humanities.uct.ac.za/department-philosophy/staff-david-benatar-selected-books/better-never-have-been

――（より多くの）批評してくれた方々への応答（Still Better Never to Have Been: A reply to (more of) my critics)」（*The Journal of Ethics*, 2013）が有名であるが[3]、他にもある。また日本でも、二〇一八年八月に北海道大学において「第一回 哲学と人生の意味に関する国際会議（First International Conference on Philosophy and Meaning in Life）」が開催され、ベネター氏も招かれて登壇した。その後、雑誌『現代思想』二〇一九年一一月号で「反出生主義を考える――「生まれてこないほうが良かった」という思想」という特集が組まれ、多くの論者がベネター氏の反出生主義を批判している。それからもう五年もたってしまったが（その間に複数の戦争が始まったり、コロナ禍があったりした）、その後も世界各地で議論は続いているといって良いだろう。

なお、来日中もベネター氏は自身の写真の撮影を遠慮してもらっていた。意図的にネット上に顔写真が載ることを避けているのである。いまネット上にある写真にベネター氏本人のものは私が確認できている限り無い。そのことからも、少なくともこの本の著者である私小島よりもプライバシーを大事にしている方であることは明白なので、敢えてここで詳細にまとめたりはしないでおこうと思う。本人の著作などから得られる情報もあるし、インタヴューなどで実際に語っていることもあるので、ネットを探せばそれなりに情報は出てくるだろう。ただ、ヴィーガンであるということだけはここで言っておいても良いだろう。

日本での反出生主義の紹介者として有名な森岡正博氏は「彼は本を書いたり、講演をしたりするときはすごく極端で、徹底的にネガティブなことばかり言うのですが、実際に会ってみると非常に話好きで、まめな人です。この人が本当にあんな主張をしているのかと思うぐらい、いいやつです」[4]と語っている。私が実際に会った時の感想も同じだったが、ベネター氏は、『生まれてこないほうが良かった』の中で、自分の主張する反出生主義が、人間好きで動物好きによるものだと書いていたのでそれほど驚くことはなかった。ベネター氏は人間が好きで、動物も好きだから、これ以上苦しむ人間や動物を存在させたくなくて、反出生主義を主張し、またヴィーガンでもある。優しいから、なのだ。そのことは本書を読み進める上でも念頭に置いておいて欲しい。『生まれてこないほうが良かった』における反出生主義は、人間好きの書き手による優しい思想なのである。[5]

「反出生主義」は、英語では antinatalism で、anti-natalism、「ナタリズム（出生主義）の反対」ということになる。また、antinatalist policy というと、過去にシンガポールや中国で行われていた「人口抑制政策」のことを言う。人口が増えすぎたので、子どもを二人までにしようとか、一人っ子を推奨しようとか、そういう政策のことである。主としては、子どもを新たに生みだすことに関

（3）公開された順番とは異なり、「それでも生まれてこないほうが良かった」は「考え得るすべての害悪」よりもずっと前に書かれたものだそうだ。「考え得るすべての害悪」については、『現代思想』二〇一九年一一月号にその拙訳が掲載されている。
（4）『現代思想』二〇一九年一一月号所収の「討議　生きることの意味を問う哲学」一一頁。
（5）後述するように私が考えるにはミソジニー的である。その点で「優しい」わけではないということは付記しておかねばならない。優しいつもりでいるところから始まっているといったあたりが妥当かもしれない。

する言葉で、後にも詳述するが、決して「生まれてこないほうが良かった」という嘆きの思想ではない。倫理的であるためには子どもを作らないようにしようというのがその本筋なのである。

とはいえ、主義主張というものの定義づけは難しい。受け取り使う人によって、また使うその時や場合によっても、意味は変わってくる。本当の民主主義はこうだなんてどうしてもすべての人の同意は得られないだろう。本当の保守主義は……とか、本当の愛国主義は……といった話もそうである。思想の傾向が一緒な感じで気の合う友達と、その時の一応の同意は得られるかもしれないが、明日にはどうなるかどころか、それからお酒を飲みだして数時間後にはどうなっているか分からない。

私も反出生主義者のつもりでいたが、この本の「おわりに　不可知論と反‐出生奨励主義」の議論のもとになる発表を、二〇一八年八月の国際会議でベネター氏に聞いてもらった時に、「それは反出生主義ではない」と言われてしまった。これも多分、「私の反出生主義ではない」とベネター氏は言っているのだというように理解したほうが良いかもしれない。反出生主義は別にベネター氏の専売特許ではないのだから。そこで「反‐出生奨励主義」という名称で納得してもらったが、正直なところ、どちらでも良いと今では思っている。所詮レッテル付けに過ぎない。反出生主義を気に食わない人からすればどうしたって私の考え方は反出生主義だと言いたいだろう。[6]

先述の森岡氏は、「反出生主義とは、「すべての人間あるいは感覚ある存在は生まれるべきではない」という思想である」と語る。[7] この定義には、「誕生否定」と「生殖否定」が含まれるという立場を森岡氏は採っている。それはそれで良いが、もしその「誕生否定」というものに「自分が生まれてこないほうが良かったのに」という嘆きのようなものが含まれるとするならば、このことはまたこの後も繰り返すが、ベネター氏の『生まれてこないほうが良かった』という本の内容にはそういった嘆きのようなものはあまりない。「生まれてこないほうが良かった」のは前提で、それだから子どもを作らないようにしようというのが趣旨なのである。別に嘆く必要はないし、嘆いたってどうにもならないのだ。生まれちゃったのは残念だけど仕方がないのだ。実際、あまり親も恨まないほうが良い。恨むエネルギーを他のことに使ったほうが良いからだ。(8) 生まれてしまったからにはなるべくマシに生きたほうが良い。そのマシさの中で「子どもを作らないこと」が本当に重要なのである。以下、本書ではそのことを語っていくつもりである。

(6) また、私はこの日本でマジョリティであるという点で、またそれに気が付きながら、十分に加害を止められておらず、マイノリティにしているケアも免罪されるには程遠い程不十分であるため、確実に差別主義者であると言える。この属性で生きて生活していることで差別をしていることになるからだ。
(7) 森岡正博「反出生主義とは何か　その定義とカテゴリー」四〇頁。
(8) 他にも理由はあるが後述する。

I

反出生主義にふみ込む前に

1　なぜこの本を読むときに倫理の問題を考えなければならないのか？

「価値観」という言葉がある。何を良いものと考えて、何を悪いものと考えるか、好きや嫌い、そういった個人個人が持っている考え方をそう呼ぶ。価値観は人それぞれだ。猫が好きな人もいれば犬が好きな人もいる。野球が好きな人もいればサッカーが好きな人もいる。紙の本が好きな人もいれば電子書籍が好きな人もいる。それらのことに関しては概ね（あくまでも「概ね」ではある。実は書籍の形態の例は実は非常にまずい場合がある。このことは本書を読み進めていくにつれて分かってくるだろう）、人それぞれで問題はない。しかし、人それぞれで問題がある場合もある。人を殴るのが好きな人もいれば、人を騙すのが好きな人もいるだろうが、それは「まずい」と大抵の人は言うだろう。もしかしたら、「ただ好きでいるのは構わない」と言う人もいるかもしれない。思っているだけ、ということだ。確かに思っているだけなら誰にも迷惑はかけないだろう。

しかし、「誰にも迷惑をかけない」というそんなことは本当にあるだろうか。思っているだけで口外しない、本当に心の中で思っているだけならそうかもしれない。心の中は自由というやつだ。何を思っても構わない。哲学者エピクテトスは、心の中を「権内」、心の外を「権外」と言った。心の中は自分でコントロールできるから自分の権内のことで、他人や自然災害を代表とする自分の外のものはすべて自分の権外のことなのである。エピクテトスは奴隷だったので、ひどい扱いを受け、体に苦痛を受けることがままあった。私たちにもそのようなことはあるだろう。病気をして非常につらい時なんかがそうだ。しかし、そんなとき、病気は身体のことで、エピクテトスからすると「権外」なのである。でも、どんなに苦痛を受けても心の中ではなんでも考えていられるだろう、「権内」では自由だというのだ。しかし、果たしてそうだろうか。そして、逆に言えば、エピクテトスからすると、どんなにひどいことを考えていても「権内」であればだれにも迷惑は及ぼさないのだ。しかし、心と身体は繋がっているし、往々にして自由にはならないものだ。ずっと付き合っていかなければならない相手を好きになろうとどんなに心で考えても好きになれない場合なんて最たる例だ。自由な心なんて、高尚で傲慢な哲学者だけが持てるのだろう。そう考えてしまってもおかしくはない。

話を「誰にも迷惑をかけない」に戻そう。これから挙げる哲学者も高尚で傲慢だから、自分の心は自分で良くしていけるのだと大きなことを言っていたが、「誰にも迷惑をかけなければ何をしても国家や社会によって罰してはいけない」という非常に素敵なことも言っている。これが「危害原理」と呼ばれているもので、「人間が、個人的にであれ集団的にであれ、その成員のうちの誰かの行動の自由に干渉するのが正当化される唯一の理由は、自己防衛である」というものだ。自己防衛以外で干渉してはいけない。しかし、この干渉には所謂口出しや説教は入っていないことに注意したほうが良い。忠告などはむしろすべきだろう。ちなみにこの「危害原理」は、未成年や文明化していない民族などには適用されない。かなりパターナリスティックな感じがするこのような主張をしたのは、ジョン・スチュアート・ミル、一九世紀イギリスの哲学者である。

話をもっと元に戻すと、「価値観は人それぞれ」で良い場合と悪い場合があるということだ。「人それぞれ」で済む話なら良いが、それが他者に影響することならそれでは済まない。そして、影響することがほとんどだろう。しかも、他者に影響するようなことも人それぞれとしてしまうと、大問題が起こる。集団での意思決定時に、人それぞれの意見を述べてそれぞれ良いよね、みんな考えているよね、とにこやかに褒めあったとしよう。美しい光景かもしれない。しかし、その後の意思決定はどのようにするのか。多数決を取るにしても「みんなの合意」に達するよう話し続けていくにしても、多数者の意見が採用されてしまい、結局はそれも、影響力のある人、強い人、権力のある人の意見に集約していった結果ということになるだろう。

そういった状況は仕方のないことかもしれない。しかし、たとえそれが「多数者、影響力のある人、強い人、権力のある人」の意見でも（その意見はそうでないことが多いのだが）、公平や正義ということを考えた上での意見ということではどうだろうか。どうすればより良く生きることができるか、ということを考えた上での意見ならどうだろうか。それを考えるのが倫理学なのである。

☆　☆　☆

「良く生きる」と急に言ってしまったが、この言葉はよく分からない言葉だ。何をすれば良く生きたことになるのか、それは分からない。「自分が良く生きたか、幸福だったか、人生に満足かだなんて死ぬ時まで分からないよ」なんて言うのは、ヘロドトスの描いたクロイソスとソロンの話以来、もしくは同じような話はそれ以前から、繰り返され続けているのだろう。とりあえずヘロドトスが描くのは、紀元前六世紀の今でいうトルコのあたりでの話だ。リュディアという国の王クロイソスは、ギリシアの賢人ソロンを呼んで自分の財産を見せびらかして「この世で一番幸せな人は誰か」と尋ねた。ソロンは名誉の戦死を遂げたテロスという一市民、他にはクレオビトスとビトンという兄弟の名をあげた。彼らに孝行された母親が人間としてもっとも良いものを彼らに与えるよう女神に祈願したら、兄弟はすやすや眠ってそのまま死んでしまったという話だ。ここでその兄弟は、「人間にとっては生きるよりも死ぬことのほうが良いのだ」ということの例証としてあげられている。ちょっと突っ込みを入れるが、おそらくソロンもこの話を伝えたヘロドトスも、女神の真意をそこまで分かってはいない。ただ「人間にとっては生きるよりも死ぬことのほうが良い」のではなく、ここでは死に方も重要になっている。予測できず、また恐怖も感じず、すやすや眠っている時に死んでしまうのが人間にとって最も良いものなのだ。死全般ではない。ともあれ、ソロンは「少なくとも死ぬまではその人生が幸福であったかなんか分からない」という趣旨の答えをしたわけだ。

クロイソスは、王であり莫大な財産を持つ自分が一番幸せなものであると言われなかったことに不満だった。しかし、クロイソスは後に身を持ってソロンの言葉が本当であったと知ることになる。ペルシア王キュロスと戦争をして負けて火あぶりになったのである。火が燃えだしたその時、クロイソスはソロンの名を呟き、キュロスは尋ね、ソロンの話をし、感心したキュロスはクロイソスを許したという。

確かに、「幸福な人生かどうか」ということならソロンの言うことは確かかもしれない。生き切って最期まで見ないと分からないというわけだ。ここで注意したいのが最期の瞬間の今わの際の自己評価ということでもないということだ。テロスは分からないが、クレオビトスとビトンは寝ていたのだから自己評価はできていない。だが、自己評価にしても、他者からの評価にしても以上の話からはその基準はあいまいである。というより、基準が書かれていない。そもそも「良く生きる」ことと「幸福に生きる」ことを私は同義で語っているが本当にそうだろうか。実は古代ギリシア語の副詞ではほぼ一致してしまうのだが、今を生きる私たちの感覚ではちょっと違うのではないだろうか。良い行いをして公平無私に過ごしている清貧な人より、公平無私ではないけれど違法なことはせず財産があって不自由のない暮らしをしている人のほうが幸福であるように思われるのではないだろうか。

そもそも「良く生きる」の「良く」が分からないのである。アリストテレスによれば、――彼が認識したより歴史は古く、世界は広かったので、もしかしたら間違っているのかもしれないけれども――、「良く生きる」といった人間の生き方の問題を初めて中心に考えたのがかのソクラテスだった。ソクラテスはそれまで自然や世界の問題を主に考えてきた、タレスやヘラクレイトスなどの先輩たちとは異なり、人間の生き方の問題に目を向けたのだという。ソクラテスのことはその弟子のプラトンが、自分の作品の中の登場人物として生き生きと描いている。プラトンの描くソクラテス自身が語ったことによれば、彼の「良く生きる」についての考え方はおおよそ次のようにまとめられる。人間である自分は、善美なること、本当に素晴らしくて良いことに関して何も知らないことをはっきりと自覚している。それなのにある時、神様は、神託で「ソクラテス以上の知者はいるか」という問いに対して「いない」と答えた（友だちがわざわざデルポイというところの神殿にまで行って訊いてきた）。どういうことか訝しく思ったソクラテスは、自分以上の知者を見つけようと色々な人と対話して回ることにした。すると彼は妙なことに気が付く。周りの連中は、特に先生と言われるような、政治家や作家や職人たちは、分かってもいないくせに知ったかぶっている。良く生きているつもりでいる。ちょっと話せばすぐにぼろが出るのに。そうか、分かったかもしれない、とソクラテス。善美なることの知、つまりは「良く生きる」の「良く」になるわけだが、それに関してそのまま正直に「知らない」と自覚している自分のほうが、「知っているつもりになっている」つまり「知ったかぶっている」連中よりもマシなのだと。全人類の中で一番マシなのは、「良く生きている」のは、「良く」について知らないということを自覚している自分なのだと気が付いたのである。いや、連中は厳密に言えば「知ったかぶっている」のとも違う。「知ったかぶる」のは

「知らない（と自分で分かっている）ことを何とか知っているふりをしようとすること」だ。連中は自分が知らないことさえ分かっていない。何という恥ずべき無知だろうか。「知ったかぶり」より酷い。そうソクラテスは気が付いたのである。しかし、良いオチが付いたところだが、話は、というかソクラテスの人生はそれでは終わらない。その後もソクラテスは色々な人と対話を重ねた。ソクラテスは、善美なることの知は、「良く生きる」の「良く」は神様の知恵であって、人間の知恵ではないのだろうと思ってはいたけれど、対話を続け、「良く」を探求し続けた。なぜだろうか。ひょっとしたらそのうち神様に会えたり、本物の神様からの言葉を聞いた人に出会えると思ったのかもしれない。いや、それよりもおそらく「人間には絶対手に入らない」というのも厳密に言えば分からないと思ったのだろう。そして、手には入らないとしてもそうするのが一番「良く生きる」ことになると確信していたに違いない。

☆　☆　☆

どういうことか、例を挙げて説明しよう。例えば絶対逆らえない相手から「ぺもれ」と命令されたらあなたはどうするだろうか。「ぺもれ」は架空の日本語の動詞「ぺもる」の命令形だ。「できません」とは言えない。「ぺもる」の意味が分からない故に、できるかどうかも分からないのだから。おそらくあなたは「「ぺもる」ってどうすれば良いのですか？」と訊くかもしれない。ネットを使って「ぺもる」とはどうすることかを調べるかもしれない。そうすること、まずは尋ねたり調べたりすることと、「ぺもる」を探求することが、その相手に従う、「ぺもる」がどういうことか分からないのに「ぺもれ」という命令に従う道となるだろう。「良く生きる」もこれと同じだ。「良く生きる」の「良く」は分からないが、「ただ生きるよりも、良く生きるほうが良い」というのは分かるだろう。これは誰が言ってもその通りだ。「ただの〇〇よりも、良い〇〇のほうが良い」という言明だからだ。だとすると、「良く」について分からない私たちはどうすべきなのか。——「良く」を探求すべきなのである。

というわけで、「良く生きる」は未だ詳らかにはなってはいないわけだが、ソクラテス以来（もっと前からかもしれないが）それは探求され続けている。それが倫理学なのである。何をして良いのか、何をしてはいけないのか、そもそもその「良い」とはどういうことなのか、それを探求するのが倫理学なのである。

そしてソクラテスの頃から二〇〇〇年以上たった今、「良く生きる」は未だ詳らかにはなってはいない、とはついさっき述べたが、さすがに分かってきていることもある。断定はしづらいけれども、私たちはソクラテスの頃より「良く生きる」に近づいていっているとは言えるのかもしれない。それに、個人個人のレベルではそれこそ人それぞれだが、「良く生きよう」と思った人にはソクラテスの時代よりは、先人たちの研究や探求の蓄積により指針的なものがある。勿論その指針が神様の知恵の一部なのかそうではないのか、本当にあっているのかどうなのかは分かっていないという人もいるだろう。しかし、ある程度賢いであろう人たち、探求を受け継いでいる人たちの間で同意が取れていることは出てきている。例えば、「黄金律」。「人からして欲しいことを他のすべての人にしてあげなさい」というものだ。すべてに当てはまるわけではないが、多くの場合そうしたほうが良いことは明白だ。他にも、何の義務も伴わず人にあるとする「人権」という考え方。これは勿論「そうしよう」「そういうことにしてやっていこう」ということだから、完全な真理ではないかもしれないし、それを嫌がる人もいるだろう。根拠づける努力は必要だし、優秀な人たちによって議論され続けているが、完全にそれが成功しているとは言い難い。しかし、「人権」という考え方を嫌がる人が劣悪なのはかなり明白だ。また、先にあげた「人間が、個人的にであれ集団的にであれ、その成員のうちの誰かの行動の自由に干渉するのが正当化される唯一の理由は、自己防衛である」という「危害原理」もそうだ。ミルが思いついて言葉にしたものだが、私たちが社会で生きるうえで基本的に守るべき原則となるだろう。例外は思いつくかもしれないが、受け入れるべき原理としては反駁をするのが難しいだろうということだ。これは倫理学では規則功利主義の一例ということになる。倫理学史上のことでもっとあげれば、功利性の原理やカントの定言命法や、ロールズの正義の原理もあげられるだろう。それらどれも絶対的な真理とは言えないが、ソクラテスの時代には思いつかれておらず(9)、また哲学史、倫理学史の流れの中で考えられ、検討を加えられ続けてい

(9) プラトンはものすごく含みのある書き方を作品の至るところでしているので、もともとはプラトンのアイデアであると考えるちょっとイタいプラトン好きはいます。小島もちょっとそう思いたいです。

るものだ。

もう少し身近な例で私たちが「良い」に近づける、進歩できるということの例を示そう。最近の話で言えば、「体罰は良くない」というのもそうだろう。少し前まで、体罰やしごきはその人が良くなるために効果的なものとされていた。ミルの危害原理でも子どもは別としているから相手によっては抵触しなかっただろう。しかし、今では体罰が効果的どころか逆効果だということが明らかになっている。所謂アップデートとはそういうことだ。勿論常に誰もが、どの社会もが、良い方向に順調に歩み続けられるわけではない。その上、後退やバックラッシュが、時には、いや頻繁にあってその強力さに慄くときもあるが、「人権」という考え方がなかった時よりも、その考えが定着している今のほうがよりマシだろう。ミソジニー自体は勿論ないほうが良いが、そのことを示す「ミソジニー」という言葉がなかった時よりもその言葉があって、自覚できて、考えることができるようになっている今のほうがよりマシだろう。よりマシな今を作っていくために倫理学はあると言っても過言ではない。「そんな傲慢なことを言うな、知的な興味で純粋な学問として俺はやっているんだ」と言う倫理学者がいたら（比喩ではなく）ぶん殴られても良いということなのかもしれない。だからそういう人は黙っていたほうが良いだろう。気分によって人をぶん殴ってはいけないということに根拠を与えようとしてきたのもそういった倫理学だからである。根拠は法律では収まらない。良い法律と悪い法律が考えられ得るからだ。ちなみに、ぶん殴った、ぶん殴られた後の対応は、身体的な力強さや権力、法的なものに対してのずるがしこさや優秀な弁護士がいるかどうかなどの人脈などその他の問題になってはしまう。そう、そういった力強さ、権力、コネなんかとは関係ないところで、善悪を考えようというのが、またそのようなものとどう関わっているのか、そもそもそんなものがあるのかどうかをも含め考えるのが、倫理の問題であり倫理学なのである。

というわけで、「倫理」というものが「良く生きる」とか人の行動の良い悪いにかかわっていることはご理解頂けただろうか。そして、価値観は人それぞれである程度、良いのだけれども、倫理に関しては、つまり、何をして良いのか悪いのかに関しては人それぞれでは済まないということもご理解頂けたことだろう。そして、本書のテーマ「反出生主義」は、「子どもを作るという行動」をして良いか悪いかという話で、それが「悪い」という話なのだ。それは子どもを作ることが迷惑になるから、誰よりもとにかくその子自身の迷惑になるから、ということを言っているわけだ。となんでもない話に聞こえるかもしれないが、倫理の話なのだ、「良いか悪いか」を考える話なのだということをまずは念頭に置いておいて欲しい。

2 中絶は不道徳か否か？

反出生主義について深く考えていく前に「中絶」についての議論を知っておいて頂きたい。「中絶は不道徳か否か」という論争だ。(10)

反出生主義は、『生まれてこないほうが良かった』という題名が誤解を生みやすいが、「生まれてこないほうが良かったのに生まれてきてしまった」という嘆きがその中心ではない。嘆いたって良いし、嘆いて当然かもしれないが、問題はそれよりも、私たちが知らず知らずのうちに害悪をなしてしまうことを防ごうという発想が中心になければならない。つまり「子どもを作ってはならな

(10) この論争については、日本語で『妊娠中絶の生命倫理』という英米圏での哲学的な議論の、非常に優れていて丁寧な翻訳と紹介、解説がなされている本がある。是非参考にされたい。私もこの本で勉強させてもらったし、以下の紹介する論者たちの論文も勿論、収録されている。

い」ということだ。しかし、子どもはすぐにできるわけではない。性交渉し妊娠期間を経て子どもは母胎から生まれてくる。生まれてこないほうが良いのであれば、そもそも性交渉自体が非道徳的なものなのかもしれない。しかし、性交渉のすべてが子どもを作ることに繋がるわけではない。完全な避妊措置がとられたうえでの性交渉や同性間での性交渉であれば問題はないだろう。子どもは生じないからだ。またそもそも両者間、複数の人々の間での完全に権力構造のない同意などは生じえないことから、性交渉という行為自体が忌避されるものであると考えることもできるが、それはまた別の話だ。

今の話は常識的な話ではないだろう。あとで詳しく述べるが、基本的には子どもを作ることが良いことだという偏見がある。卵子にたどり着かない精子や受精されない卵子の数を勝手に恣意的に計算して生まれてくることは三億分の一の奇跡だなどと言う傾向もある。奇跡だったり珍しいことが良いことではないのは明白であるにもかかわらずである。二機の航空機が空中で衝突した事故は奇跡的な事象だが、それをありがたがる人はいない。愛情いっぱいに育てられ何不自由ない暮らしをしていたシリアルキラーというのは珍しい存在かも知れないが、喜ばしい存在ではない。しかし、この社会には、子どもを作ることが称揚される出生主義的な傾向が明らかに存在する。とはいえ、諸々の事情から、出生主義的な傾向の中にあっても、妊娠した子どもを生まれる前に殺す処置というものは考えられる。それが中絶であり、そこで、「中絶は不道徳か否か」ということが問題となってきたのだ。この問題がというよりはむしろこの問題に反出生主義は明快で画期的な提案をすることになる。そのため、この議論を抑えておいてもらいたい。

「不道徳」という言葉が出てきたが、この「道徳」という言葉、大抵の言葉がそうであるように使う人によってまちまちで「倫理」とは違うものとして語る方もいるが、本書では「道徳」と「倫理」をほぼ同じ意味で使おうと思う。やって良いか悪いかという話だ。「中絶は不道徳か否か」と言ったら「中絶はやってはいけないのかどうか」という意味になる。なお、正確に言うと「中絶」とは、妊娠中だった胎児が産まれてくることができずに死んでしまうこと全般を指す言葉である。ただし、一般に「中絶」と言ったら「人工妊娠中絶」を指す。「人工妊娠中絶」とは、医療行為によって、妊娠している胎児を死に至らしめることである。子どもを作った後で母親のおなかの中にいる間に殺すことである。これは、妊娠している女性の命を守るためにやむなく行われることもあれば、子どもを育てられない理由がある人が希望して行われることもある。また、性加害の被害者の方の精神の健康を守るためにどうしても必要な場合もある。

日本では、人工妊娠中絶は法律で認められているが、勿論条件が定められている。正当な理由があり、妊娠二二週未満であるのがその条件である。正当な理由も二つ示されており、「妊娠の継続又は分娩が身体的又は経済的理由により母体の健康を著しく害するおそれのあるもの」および「暴行若しくは脅迫によって又は抵抗若しくは拒絶することができない間に姦淫されて妊娠したもの」ということとなる。この条件に当てはまらない人が中絶をした場合、堕胎罪（刑法第二編第二九章の堕胎の罪（刑法二一二条〜刑法二一六条））ということになってしまう。ここで規準となっている妊娠二二週未満というのは「胎児が、母体外において、生命を保続することのできない時期」の指標であるとされている。実際のところ、現状、「身体的又は経済的理由」の部分が拡大解釈される傾向にあり、本人が希望している場合は、妊娠二二週未満という規準さえ満たされていれば中絶を行えることが多い。また、二二週を過ぎたら絶対に中絶できないということもない。母体の命が危険にさらされているような場合は勿論その限りではなく、基本的には胎児より母体を優先する治療が行われることが多いため、妊娠初期以降でも中絶手術が行われる可能性はあり、そのように医師が判断した場合は合法ともなる。

以上はあくまでも日本の場合であり、世界のどこででも中絶が認められているわけではない。チリ、エルサルバドル、ニカラグア、ドミニカ共和国、バチカン市国、マルタ、アンドラ、モロッコなどでは、例外なく全面的に中絶が禁止されており、違反者には重い罰則が科せられる国もある。イラン、イラク、シリア、バングラディシュ、ミャンマー、フィリピン、スリランカ、アイルランド、アラブ首長国連邦などでは、母体の生命が危険にさらされている場合のみ中絶が認められているが、その許可が出ることはかなり少ない。ブラジルでは生命の危険までいかなくとも健康を理由とする例外を認める規定になってはいるが、やはりなかなか許可が降りない。また、パラグアイでは健康上以外の理由が認められず、強姦被害者の一〇歳の少女の堕胎が認められなくて、物議をかもしたこともあった。なお、アメリカでは、一九七三年の「ロー対ウェイド」判決により、女性の中絶権は認められていたが、二〇二二年六月にアメリカ最高裁判所が憲法上の中絶の保障を否定した。これにより、アメリカの各州はそれぞれ独自の州法で中絶を禁止できるようになった。このことは、トランプ大統領の立派な功績の一つだとその支持者からは主張されるが、その後、バイデン大統領は「ロー対ウェイド」判決の覆しにははっきりと反対の立場をとっていた。

勿論認められている国もある。フランスでは、合法であるのみならず、女性の性と生殖をめぐる医療はすべて、国の医療保険の範疇であり、医学的避妊も保険適用で二五歳以下は無償、中絶医療は年齢を問わず、経口中絶薬の医療ケアか外科手術を自己負担なしで受けられる。女性の権利として中絶が認められているとされる。また、妊娠初期ならば理由を問わず合法の国もある。イタリア（九〇日以内）、カナダ（二〇週まで）、スイス（一二週間以内）などである。ドイツも合法ではあるが、中絶に抵抗感のある国民が多く、実際には手術を受けづらい風潮があるという。しかしドイツでも、本名を明かさず出産できる権利が保障されていたり、養子の支援体制が充実していたりはするので、その点、日本よりは格段に望ましい状況であると言えるかもしれない。ちなみに中国では、かつては事実上禁止であったが、一人っ子政策以降、公に認められるようになった。また、経口妊娠中絶薬の使用などでも日本より進んでいると言える。なお、性別選択的中絶は禁止されているのだが、男児を好むためにそれが行われ続けているのが現状である。

さて、以上のように国によって状況は異なり、中絶が法律で禁止されている国が現にあるわけだが、法律で禁止したらその国で中絶が無くなるというわけでは勿論ない。禁止されている国の女性たちは様々な手段でこっそり中絶をしている。隣国へ移動して中絶の手術を受ける、ネットを通じて手に入れた薬を使う、違法手術も請け負ってくれる闇医者を探すなどの方法で中絶は行われるのである。そしてそのような方法を用いることで、多くの女性が命の危険にさらされているわけだ。

そのような中絶の禁止の背景には思想的な背景があることが多い。キリスト教ではその教義によって、基本的に堕胎は罪であるとされている。また、仏教やイスラームでも、中絶は殺人とみなされる傾向にあり、推奨されることは基本的にはあり得ないだろう。特に、キリスト教でもカトリックの場合は、中絶は絶対ダメだし、避妊さえも中絶同様に「殺人の罪」であるとされてしまう。二一世紀の現代になってもその傾向は強い。理由の一つとして、一九八七年にバチカンの教皇庁教理省が出した『生命のはじまりに関する教書』に、キリスト教的には、受精した瞬間から「人」であるとすることが明記されてしまったことがあげられる。「人間の生命は、その存在の最初の瞬間から、すなわち接合子が形成された瞬間から…人間として、倫理的に無条件の尊重を要求する（邦訳は『生命倫理の教科書』八四頁にあるもの）」らしい。

また、そもそもの話になるが、中絶は思想の問題だけでなく、母体の健康を守るという観点からも行うべきではないという話も勿論ある。健康な人が順調に妊娠している場合、中絶をするリスクが健康にとって大きいわけだ。特に日本で数多く行われている「掻把法（掻爬術）」という方法による中絶は極端にプリミティブであるため、そのリスクが大きいと思われる。それが日本で一番メジャーだが、「胎盤鉗子《たいばんかんし》」等の器具を体内に入れて手術をするという方法だ。女性の身体への負担は非常に大きく、また、苦痛を伴うため、ふつうは鎮静剤が使われる。勿論、胎内を傷つけるリスクや感染症の危険もあり、それによって将来不妊になる可能性さえもある。他にも「吸引法」という名の通り、器具に吸引器を使用する方法もあるが、苦痛を伴う点やリスクがある点に関しては掻爬法とさして変わらないと言える。ちなみに吸引法は、器具の消毒が難しく時間がかかるため、掻爬法の採用例のほうが多い。とはいえその二つの方法は世界では一般的な方法とは言えない。WHO（世界保健機関）が推奨していたにもかかわらず、二〇二三年まで日本で認められていなかった方法が、薬物投与、経口中絶薬を使っての中絶である。ミフェプリストン（RU-486）やメトトレキセートという人工流産を引き起こす内服薬が使われる。薬なので勿論、副作用は考えられるわけだが、日本でなかなか認められなかったのはそれが原因ではないだろう。掻把法のような侵襲性の施術よりも、投薬という極めて非侵襲性の高い処置のほうが受ける方にとっては好ましいに決まっている。日本で中絶に関することがらがなかなかアップデートしていかないのは、まさに、他の国と比べて日本ではジェンダー平等の実現がほど遠いことの原因が根深いものであることの証左となる話なのだ。世界経済フォーラムが毎年発表しているジェンダーギャップ指数では、二〇二四年度、日本は一五六ヶ国中一一八位であった。

勿論、経口中絶薬を使っての中絶であっても中絶はつらいことだ。しかし、それでも、やむをえない事情で中絶しなければならない人がいるのは事実である。また、リスクを分かった上で中絶を望んでいるにも関わらず、自国の法律や状況のせいでそれが叶わない人もいるわけで、中絶において、いったい何がどうあることが倫理的・道徳的なのだろうか。

非常に難しいこの問題に、これまで倫理学的な観点からアプローチした研究者は何人もいる。しかし、「これだ！」というような結論は勿論出ておらず、今も論争は継続中である。ともあれ、この議論の過程を理解せずにベネターの論について専門的に考察するのは難しいので、以下でその概要を把握することにしたい。

そもそも、「中絶が不正だ（あるいは不正ではない）」ということを証明したい場合、以下のような論証をもとに考えなくてはならないとされる。

前提1：罪のない人間を殺すことは不正だ
前提2：胎児は罪のない人間だ
結論：胎児を殺すこと（＝中絶）は不正だ

これを反駁しようとして、多くの場合注目されるのは「前提2」であり、その中の「胎児は人間なのか」という問題である。これは通称「線引き問題」と呼ばれる。例えば、日本の法律では、人が人として認められるのは出生の瞬間からであり、同じ命を奪う行為であっても、それ以前は堕胎罪で、それ以降は殺人罪が適用される。法律的にはそう決まっているからということで良いとされても、道徳的にはどうだろうか。人と人未満の線引きに関しては、これまで様々な提案がなされている。出産時、胎児の母胎外での生存可能性、初期胎動、胎児が痛みを感じる時期などであるが、まだどれも科学的な妥当性を証明できていないと言える。

なお、倫理学者たちが積極的に議論を始めたのは一九七〇年代である。ここでもっとも注目すべきだと思われる論文を一つあげよう。一九七一年のトムソンによる「妊娠中絶の擁護」という論文である。その中でトムソンは「受精した瞬間から「人」である」としても良いとし、「たとえ胎児がいつから生きる権利を持っていようとも、女性が妊娠を続ける義務はないのだ」と主張した。その理由として、「自分と瀕死の成人男性（トムソンの例では高名なバイオリニスト）がチューブで繋がれていて、それによってその男の命が保たれていたとしても、その男のために自分の身体を使わせてやる義務はない」という例を出して語る。胎児といえども自分ではなく他者なのだから、同じことだというのだ。勿論、その成人男性を自分の身体を使って救うのは善良で親切なことだろう。しかし、それをしないからと言って不正ではないとトムソンは主張するわけだ。確かに、たとえ女性が選択して性交渉して、その際に避妊に失敗したのだとしても、胎児に身体を提供する義務はどこから出てくるのか謎である。それなりに備えて失敗したなら仕方がないだろう。空気を入れ替えるために窓を開けたからといって、誰かしらが部屋に入って来て居座っても良いなんてことはない。勿論、中絶はしないほうが「善良」なのかもしれない。けれども、それが「不正」かどうか、道徳的に許されないかどうかというのは、また別の話になるということだ。この議論で誰しもが気が付かなければならないのは、この社会では妊娠や中絶、子どもを作ることに対して女性だけが過度に善良であることを強いられるという事態である。中絶を非難したり禁止したりするということは、

「女性は自身の権利を放棄してでも胎児に身体を提供するべきだ」と主張することになる。そうしたとき、その義務は女性にだけ存在することになる。どうして女性だけがそんな義務を負うのか。どうして女性だけが、大変な犠牲を払って、胎児を生かし続けなくてはならないのか。どうして女性は女性であるというだけで、（ここでは胎児に対して）善良であることを強いられるのか。「女性に生まれたのだから仕方がない」と主張する人は、「奴隷に生まれたのだから仕方がない」と言って奴隷を酷使してきた奴隷の主人とどこが違うのだろうか。

というわけで、トムソンの主張の歴史的意義は極めて大きい。キリスト教が広く信仰されている欧米では、伝統的に中絶は非難され続けてきたが、トムソンはそれに対し「女性の権利」という視点から問題提起を行ったのである。つまり、女性にとって、中絶をする権利を認められないことは、基本的人権として認められている事柄を制限されることでもあるのだ。男性にはそれは起こり得ないのだから、性差によって女性は不利な立場に立たされているのではないかと、トムソンは指摘したわけである。

大事なことなので、繰り返し説明したい。もしかすると、胎児が成人と全く同じ権利を有すると考え、母体が命の危機に瀕していたとしても胎児を犠牲にすることは不正なことだと判断する人がいるかもしれない。しかし、女性にはそもそも女性自身の健康を守る権利があるのではないか。それが優先されない理由が何か考えられるのだろうか。安全に中絶する自由が認められなければ、女性たちは様々なリスクを負うことになる。ＷＨＯは毎年、世界中で起こっている二五〇〇万件の危険な中絶を防止するために、中絶のケアに関する新しいガイドラインを二〇二二年五月に発表している。中絶は世界的に一般的な方法で、意図しない妊娠の六〇％、全妊娠の三〇％に行われているという。しかし、推定でも、中絶の四五％は安全に行われていない。そして、安全でない人工妊娠中絶による妊婦の死亡は毎年一～四万人と言われている。これは非常に大きい数だが、数が大きいから問題なのでもないだろう。そもそも自分の身体を自由に使用する権利や、医療措置を求める権利、あるいは望まない医療措置を拒否する権利は、最も基本的な人権の一つである。それを女性が女性であるために制限されることはやはりどうしたって倫理的ではないのである。

また、哲学者たちの主だった議論とは少しずれるが、妊娠というのは、女性のプライベートな、個人的な事柄であって、プライバシー権が守られるべきではないかという主張もある。私たちは「プライバシーを守ろう」という場合、主に「知られない権利」を中心に考えてしまうが、ここでは、個人的な問題を自分の意思で決定する権利をプライバシー権という。プライベートな事柄に、他人や国家が口出しをするべきではないと考える人もいるわけだ。しかし、堕胎を殺人と考えることもできる以上、「プライベートなことだから」というだけで自由な判断が認められるべきとは結論しづらい。しかし、トムソンの主張を認めれば可能であろう。実はこのプライバシー権の問題に関係しているのが、先にもあげた、一九七三年、アメリカのロー対ウェイド裁判なのである。妊娠中であった未婚女性ジェーン・ロー（本名ノーマ・マコービー）および中絶手術を行い逮捕された医師などが原告となり、母体の生命を保護するために必要な場合を除き妊娠中絶手術を禁止したテキサス州法が違憲であるとして、テキサス州ダラス郡の地方検事ヘンリー・ウェイドを相手取って起こした訴訟である。その判決では、「妊娠を継続するか否かに関する女性の決定は、プライバシー権に含まれる」として、アメリカ合衆国憲法修正第一四条が女性の堕胎の権利を保障していると初めて判示された。これによって、人工妊娠中絶を規制するアメリカ国内法が違憲無効となったわけである。しかし、二〇二二年に「ドブス対ジャクソン女性健康機構事件」の裁判で、米連邦最高裁が「ロー対ウェイド事件」の判決を覆し、中絶の権利は憲法上のものではないとしてしまったため、残念なことに現在（二〇二四年）では州ごとに人工妊娠中絶を禁止しても良いことになっている。アメリカの女性の半数（以上？）が合法的に中絶を選べないという不平等な時代が戻ってきたわけだ。

☆　☆　☆

さて、話をトムソンに戻そう。現実の裁判がどうあれ、妊娠や中絶といったことがらに関してトムソンの「性差によって女性は不利な立場」にあるという主張は覆しようがないと思われる。しかし、トムソンへは反論もされている。ここで二つ簡単に紹介しておこう。「自己防衛のために殺人が正当化されることはあるが、胎児は通常母体の生命を脅かしてはいない。またその意図もない。従って、たとえ自己防衛だとしても中絶は認められない」というブロディの反論と、「ひとことに権利があると言っても、それが他者の権利にどれほど干渉して良いかには違いがある。女性の身体への権利は罪なき胎児の命を奪って良いほどの権利なのか。これについて考える時は、権利についてではなく、母体にどれほどの義務があるのかを考えるべき」というフィニスの反論である。どちらにせよその議論を進めていくと、女性だけが不公平に基本的人権が守られないという事態は回避できないことになることはおわかりだろう。ブロディもフィニスも、また彼らを擁護する人は「女性だけが不公平に基本的人権が守られない」自体を容認することになるのである。

一方で、女性の権利とは関係なく、中絶を擁護する論もある。先立って説明した線引き問題で、胎児を殺すことが不正となるような対象、そういった人間には当たらないとする論である。トゥーリーはそもそも「私たちには胎児に生きる権利を保たせる義務や責任があるのか」と問う。例えば「小島は自分のスマホに対する権利を持つ」という場合、「小島以外の人は、小島からスマホを奪わないようにする義務や責任がある」と言い換えることができる。つまり、当たり前だが、小島以外の人たちは、小島のスマホを壊したり、勝手に持ち去ってはいけないのである。それは、権利者である小島が、「スマホを所有し続けたい」「好きな時にスマホを使いたい」という欲求を持っているからだと説明される。そこで問題となるのが、胎児が「生きたい」と思っているかどうかである。それにトゥーリーは、胎児は生命に対して明確に欲求を持っているとは言いがたい、と判断する。そもそも「生きる」とか「自分」といった概念が分かっていないのに、権利に自覚的であるはずはないというのだ。生きる権利に自覚のない存在は、生きることについて道徳上の権利を持っているとは言いがたく、従って、胎児には、道徳的な人格がないとするのである。この道徳的な人格のことをパーソンという。パーソンがある対象は殺してはならず、ない対象は殺しても良い、それがここで言うところのパーソンである。なので、トゥーリーは、胎児だけでなく、犬猫も、そして新生児であっても、そして認知症の老人さえも、道徳上は生きる権利を持っていない存在であると考える。一見酷い話だが、トゥーリーは西洋哲学史の流れの中に、しかも王道にいるのだと言って良いだろう。トゥーリーは「パーソン」という言葉で、自らの意思を持たない「もの」と意思のある「ひと」を区別していると言える。これは西洋哲学史にその源流がある考え方で、分かりやすい例をあげれば、カントもこういった考え方をしていて、理性に従うことができるのが人間らしさであると考えていた。逆に言えば、理性的に考えられない者はひとでないということになる。しかし、これを諸々の現実の問題に適用すると、中絶は擁護できるかもしれないが、他に様々な問題が生じることは、想像に難くない。

ウォレンという学者もまた、胎児が道徳的にどのような位置づけにあるのかを問うた。トゥーリーはその自己意識の有無について問題にしたわけだが、ウォレンは少し違った視点から問いを立てる。それは、「どうして私たちは牛や豚を殺して食べる一方で、人間を殺すことを不正とするのか」という視点である。私たちが道徳について考えるとき、その対象が同じ人間であるかどうかはとても重大な関心事だが、それは、同じ人間として、「道徳的な共同体」に属していることがとても重要であるからだとウォレンは言う。では、胎児は「道徳的な共同体」の一員だろうか。この問いに対し、ウォレンは、「初期の胎児はグッピーと同程度の道徳的地位しかもっていない」と主張する。それは、同じ人類であったとしても、胎児には自己意識もなければ、コミュニケーションもとれず、推論によって考えることもできないからだということになる。

しかし、理性に従うことにせよ、「道徳的な共同体」の一員かどうかにせよ、そういった話に決定的な根拠はあるのだろうか。あまりなさそうである。そういった判断はそれぞれの直観をもとにしているにすぎず、中絶のような複雑な問題については、もっと論理的で反省的な視点を持ったうえでの判断が必要だろうと考えたのが、ヘアである。そこでヘアが持ち出すのが「黄金律」ということになる。先にも紹介したが、黄金律とはもともとは「他人にしてもらいたいと自分が願うようなことを他人に対してなすべきである」という、イエスの言葉として聖書にある言明である。この黄金律に従うなら、私たちも、もし生まれたことを嬉しいと思っているなら、同様の条件の子どもは中絶せずに生むべきだ、ということになる。同様に、今いる胎児は中絶して、将来別の子どもを生むほうが子どもにとって幸福になる可能性が高いなら、不幸になるのに生まれたくはないだろうから、その場合の中絶は容認され得るということにもなるわけだ。しかし、ここで難しい問題が生じる。まだ胎児としても生まれていない人を想定してどれだけ話をして良いのかという問題である。つまり、まだいない人を道徳的判断の対象としているのが問題なのである。そもそも、存在していない人を、道徳的判断の対象と考えることは可能なのか。もし可能だとするならば、これから生まれ得る無限の人々すべてに道徳的な判断をしていかなくてはならないことになってしまうだろう。この問題は次章に繋がる。

最後にマーキスを紹介しよう。マーキスは、「そもそも殺すことはなぜ不正な行為なのか」と問うところから始める。つまり、先の「前提1：罪のない人間を殺すことは不正だ」も疑うことができるのではないかとマーキスは問うわけだ。私たちは直観的に「人を殺すことは悪いことである」と思っているだろう。内なる道徳律かどうかは分からないが、小島自身も勿論そう思っている。とすると、「罪のない人間を殺すことは不正だ」というのは、どうしたって覆りそうにないが、しかし、である。私たちはその理由を説明できるだろうか。悪いことは悪いから悪い、では説明にならない。「痛いから」だと言ってみても、痛みを与えない殺人も考えられる。「法律で決まっているから」だと言ってみても、良い法律と悪い法律があると言えるのだからそれは根拠にはならない。「自分や自分の周りの人が殺されると悲しいから」だと言ってみても、そうでない場合はどうなのかと返されてしまうだろう。どれも言いたいことは何となく分かるが、客観的なものではなく、何かの基準となるようなものではない。それとも、理由なんて無くて、ただただ「殺すことは悪い」ということなのかもしれないし、そう主張する人もいるかもしれないが、多くの人は殺した動物を食べている。勿論、ヴィーガンがそうでない人よりも倫理的で善良であるというのは、言わずもがな真理ではあるが、それだって、キャベツやニンジンを破壊し、死に至らしめていることに変わりない。あるいは大腸菌を殺すことはどうだろうか。不正だろうか。ここまで行くと、端的に「殺すこと＝不正」とは言えないわけである。これにマーキスはどう答えるかというと、まず、この問いに対して、三つの仮説を述べる。

1. 剥奪説：殺人は、他者から価値ある未来を奪うことだから、不正だ
2. 欲求説：殺人は「死にたくない」という欲求に反して行われるために不正だ
3. 中止説：殺人によって、それまでの価値ある人生を中止させてしまうから、不正だ

そして、もっとも有望な説としてマーキスは剥奪説を採用する。胎児の未来を奪うのは不正だから中絶はダメ、それがマーキスの結論となる。未来があるという点に注目すれば、「権利」や「ひと」というあいまいで難しい概念を取り上げることなく、中絶が許されるか否かを判断することができる、と言いたいわけだ。ただ、勿論ここでは女性の権利の問題は棚上げにされているといって良い。

☆　☆　☆

以上代表的な説をかいつまんで説明したが、ベネターは、中絶はむしろ倫理的であり得ると主張する。トムソンの言うように、「善良ではないが不正でもない」どころか、（妊娠初期の中絶は、と限定されるが）善良な行為だというのである。そんな論者はこれまでにはいなかった。ベネターは苦痛を悪と考えて論を進めるため、中絶によって明らかに苦痛を減らすことができるのなら、それは倫理的な行為だと主張するわけである。

さて、中絶を認めるか否かはおおまかに、「胎児を殺すことは不正なのか」あるいは「胎児はひ

となのか」という二点が考察のポイントとなっているのがお分かり頂けただろうか。どちらにしても、結論は出ていない。そしてベネターはむしろ倫理的であり得ると考えているわけだ。

「倫理学」というと、「人を殺すべきではない」という主張が語られる場のように思いがちだが、実際の倫理学ではむしろ、「どうして殺してはいけないのか」と問うているのもお分かり頂けたと思う。ここで注意しておかなければならない点がある。それは「殺してはいけない理由が説明できないなら殺しても良い」という主張をしているわけではないということだ。私たちが「○○してはいけない」と言う時、一体そこで私たちは何を言っているのかを、改めてフラットに問おうとしているのである。一体、私たちは、どのような判断基準を持つときに、真に倫理的でいられるのか、より良く生きることができるのかを問うているわけだ。

倫理の話をしようとすると、つらい話が多くなりがちかもしれないが、良く生きるためにはおそらく必要なことだ。中絶の話もそう。すごくつらい話だけれど、胎児と女性の命や権利を天秤にかける瞬間というのはこの世界に意外とありふれていて、それでいて、どうするのが正解かなんて分かっておらず、みんなが幸せになるハッピーな結末なんて大抵無いわけで、でも、だからと言って無視して良い問題ではない。だから、ここで考えてみてもらいたいと思う。

繰り返しになるが、私たちは直観的に「殺すことは不正である」と思っている。何気なく目にするかもしれない「中絶」という言葉も、それが殺人と変わらない行為なんだと実感すると、急にひるんでしまったりもする。女性の人権を考えて擁護しなければならないと考えていても、だ。その一方で、大抵の人は、動物の死体の一部であるお肉を食べてしまうし、ひどい犯罪者に対して「この世からいなくなって欲しい」と思ってしまったりする。でもまた一方で、それがいまのところの多数派だったり、ある意味、「自然な」感じ方でもあると言う人もいるだろう。「それでも、今一度考えてみる必要がある」ということを、ベネターの思想を通じて考えて頂きたいのである。

3　未来への責任はあるか？

前章でお話した中絶の問題について、それがなぜ難問かという理由の一つに、直観的な倫理判断が通用しない点があげられるだろう。母体の命と胎児の命を天秤にかけて「どちらを犠牲にすべきか」と問われたら、きっと多くの人は言葉に詰まるだろうし、普通に考えたところで正解は見つからない。直観的な倫理判断では、どうしたって私たちはジレンマに陥ってしまうわけだ。また更にそれが、「未来の人々」について考えなくてはいけないという点も、問題を複雑にしていると思われる。中絶の是非について考えるなら、まだ全く存在していない「ひと」も考察の対象となるわけだが、そもそもまだ存在しない人について考えることは可能なのだろうか。

今の世界の状態から考えて、「誰かしらがこれから生まれてくる」というのは確実なことだ。出産不可能になる伝染病が大流行したり、これから五分後に巨大隕石が地球と衝突するとか、そういうことがあれば話は別だが、おそらくない。なので、ひとまずそういう事態は起こらないとして考えることにしよう。そして、生まれてくるのは確実だけど存在は無い、そういった「生まれ得る存在」のことを、「可能的存在」と呼んでみたい。誰がどんなふうに生まれてくるかは分からないが、とにかく「これから生まれてくる誰か」、可能的存在を想像することは難しいことではない。実際、私たちはふとした時にその可能的存在について話しをする。「令和世代の子は苦労するだろうねえ」とか「令和生まれはどんな子になるのかな?」とか、平成のうちから言っていた人はいただろう。所謂「令和っ子」について夢想し話していたとき、私たちは何の話をしていたのか。例えば、平成の時に「令和生まれは苦労するよ」「令和生まれはつらいだろうな」と、昭和生まれのとある人間が言ったとき、その人はまだ生まれていない子どもの人生について、価値判断を行っていることになる。しかし、その価値判断は妥当であり得るだろうか。この人は、少子化問題とか資源の枯渇とか、地球温暖化とか、そういった事柄について思いをめぐらせた上で、令和っ子の人生を憂えているのかもしれない。しかし、当の令和っ子からしてみれば、この発言はありがた迷惑でしかないかもしれない。そもそもありがたい要素なんてない。まず、何が「苦労」で、何が「つらい」ことかは、他人が決められることではない。また、この発言を聞いたカップルが出産を思いとどまってしまったら、そもそもその子は存在しないかもしれないのだ。

そのようにそもそも私たちは未来への影響力を持っていて、私たちと、可能的存在は、対等な関係ではない。まだ存在していない可能的存在は、こちらの判断に恣意的に影響を与えることは不可能だが、一方、私たちは、これから生まれる存在に対して、否応なしに影響を与え続けているわけだ。それは、故意であるときもあれば、何らかの判断に付随する影響だったりする。また、中絶の選択が事実としてあるように、そこまでいかなくとも「家族計画」という言葉が存在しているように、私たちは可能的存在にとって代わって、勝手にその人の可能的な人生の価値判断をすることさえ、事実としてある。けれども、対象がそもそも存在していない以上、可能的存在について私たちが妥当な価値判断をするのは本来とても難しいのだろう。特定の状況があるならいざ知らず、存在そのものがないのだから、具体的な情報もない。そこでこちらが考えることができるのは、「その人生がどれほど良く（悪く）なる可能性を持っているか」そして「存在することは良いのか悪いのか」くらいなのである。

とはいえ、可能的存在であっても、多少は生まれたあとの情報はある。社会情勢や環境問題などは、おおまかに予測可能であり、また私たちの今の行動に左右されるものだ。また、遺伝疾患等は、妊娠しなくてもそのリスクは分かるし、場合によってはある病気や障碍に確実になると判断されることもある。そういった情報からして、その人生が生きるに値しないと判断されることは十分あり得ると言って良い。それに対して、現状はさておくとしても、医療の一つの原則として、「命は無条件に尊い」という考え方もある。しかしそれは本当なのだろうか。「延命によって保たれた、ただただ苦しむだけの一時間の命」と「自然なタイミングで死を受け入れたことで保たれた尊厳」どちらが尊いかと問われて、前者だと答える人は少数だろう。とはいえ、確かに正解のない問いではある。しかし、こうして比較検討の余地がある以上、「無条件に」という点にはどうしたって疑問が残る。また、まだ胎児としても生まれていない存在について考えるとき、「存在したほうが良い」と言えるのだろうか。命が無条件に尊いなら、とにかく子を産み、存在させるようにすることは良いことなのかもしれないが、果たして本当にそれで良いのか。

つまり話は、そもそも可能的存在について価値判断をすべきかどうかという話になる。生まれる前の人について価値判断することは難しいと繰り返しているが、そもそもすべきことなのだろうか。とはいえ、これも先に述べたように、現実に私たちはそれをしてしまっている。例えば、遺伝性の疾患が見つかった人は、子を産むかどうか悩み、産むか産まないか決断する。あるいは、多くの人が自身の状況を考えて、避妊をする。もう少し建設的な例をあげれば、妊娠する前から子どものために貯金や積立を始める人もいる。つまり、現に私たちは、価値判断をしてしまっているのである。

この問題に対し、パーフィットという現代の哲学者はこのような問いを立てて考えた。「ある人を存在させることはこの人に利益を与えることであり得るか」という問いだ。この世に誰かを生み出すことは、生み出された人にとって良いことなのか、悪いことなのか。後ほど詳しく紹介するが、ベネターは悪いと言うけれど、パーフィットは逆に良いと考えた。

まず、存在しないということは、ただただ存在しないだけで、存在しないことにはそれ以上の価値判断はない、と考えてみよう。一方、「良い」「悪い」は、無の状態に比べて良かったり悪かったりする状況であり、「ものすごく悪い状態」と「±0」なら相対的に後者のほうがマシ、ということは言えてしまう。しかし、死ぬことと生まれていないことは、両方とも存在しないということだが、果たして一緒に考えて良いのだろうか。確かに「生まれていない」状態は特殊ではあるが、「存在しない」という点では、死んでしまったのと変わらない。ただ、「存在させるようにする」という行為は、それを行わなくても、より悪くはないだろう（この点にはベネターも注目する）。この点で、「存在させるようにすること」は特殊なことなのである。また、価値判断という点では、「存在しないこと」も特殊である。「存在し始めること」と「存在しなくなること」について考える場合、それは個別の対象がいてのことなので、価値判断が可能だが、「存在しないこと」の場合、具体的な対象を仮定することさえできないため、それについて「利益があった／なかった」と言うことはできないからだ。故に、もし存在しない人が、「享受することができたかもしれない利益を受けることができなかった」としても、それは損失ではない。だってそんな人は「もしかしたらいたかもしれない」けれど、実際にはどこにもいないのだから。では、「存在させるようにすること」、「生み出すこと」は利益になるのだろうか。これにパーフィットは、溺れている子どもを助ける例を出して答える。その子どもは、（溺れるということで損もしているけど）助けられたことで益されている。そこでは、「命が失われないこと＝利益」ということになる。だとすれば、可能的存在が、「生まれるかも」という可能的な状態から脱して、命を得ることも利益なのだと考えることができるとパーフィットは主張する。生まれた直前と直後で利益になるかどうかが変わってしまう理由がない。故に、「ある人を存在させることは、この人に利益を与えることであり得る」と、パーフィットは言うわけだ。

もう少し詳しく見ていこう。以上は、パーフィットの著書『理由と人格』で語られているが、この本では、倫理的な問題について考えるとき、従来のやり方では大きな矛盾に陥ると述べられている。簡単に言えば、「倫理について、道徳的な感情や直観で判断しようとすると上手くいかない」ということだ。そこで「非人格性の倫理」が主張される。「非人格性の倫理」では、行為の評価や選択は、より非人格的な仕方で行うべきだとされる。自分自身や、自分自身の近親者にとって良いことよりも、万人にとって良いことを選ぶべきで良いとか悪いということを、常に「誰かにとって」と考えることさえもやめたほうが良いとパーフィットは説く。それには、そもそも同一の人格の存続という事態は幻想で、そこには心理的な継続や連結があるだけに過ぎないのだというのがその発想の大元にはある。その人が他ならぬその人であるということ、人格の同一性は重視しなくて良い、いや、倫理の問題を考えるときはむしろ重視しないほうが良いのだ。パーフィットが、そのようなことを言い出す一つの理由は、可能的存在についてパーフィットの指摘した「非同一性問題」にある。次のような状況を考えてみよう。

私たちの社会は、今、二つのエネルギー政策のうち一つを選ばなくてはならないとする。どちらの政策を採用してもこの先、三〇〇年間は安全だ。しかし、Aの政策を選ぶと、今の私たちの生活水準は少し下がってしまう。Bを選ぶと、それは「危険な政策」で、三〇〇年後以降、地下深くに埋めた核廃棄物によって何千人もの人間が命を落とすことになる。さて、私たちはどちらを選ぶだろうか。現実世界では、実際にはBが選ばれてしまっていることが多いようだ。実際、核廃棄物は地中深くに埋められている。それは、近い未来の安全は守られているのだろうが、遠い未来には地球の様子は変わっているだろうから、その時安全である保障はない、ということだ。また、その遠い未来には、その場所に核廃棄物が埋まっているという情報すら失われているかもしれない。それは大変危険なことだ。だとすると、後者を選ぶことは、倫理的に不正な判断ではないのだろうか。実際どうあろうが、不正な判断だと考えたいし、それが未来の世代への責任ということになると考えたいが、ことはそう簡単にはいかない。

自分の子どもは可愛い。孫も可愛いし、おそらく曾孫も可愛いだろう。赤ちゃんは可愛いものだ。しかし、赤ちゃんは大きくなって大人になる。可愛くない赤ちゃんはおそらくいないが、可愛くない大人は多い。ほとんどだ。どこまで踏まえて自分の子孫のことを考えられるだろうか。どれくらい先の子孫までを可愛い、もしくは大事に思えるだろうか。その子孫は赤ちゃんではなく、むしろ大人で考えて欲しい。子、孫、曾孫（ひまご、そうそん）、玄孫（やしゃご、げんそん）、来孫（らいそん）、昆孫（こんそん）、仍孫（じょうそん）、雲孫（うんそん）と続くらしいが、イメージがわかないだろう。社会も変わっているだろうし。どうも遠い存在はやはり遠い存在で、離れていればいるほど関心は薄くなるということはあるようだ。しかし、パーフィットの話はそのような次元の話ではない。先の「危険な政策」だが、それが後世に与える影響は、単純な核廃棄物の危険の問題だけではない。そのような大きく人々の生活に影響を与える政策の選択があった場合、選択の結果によって生まれてくる人間は変わってきてしまうだろう、とパーフィットは言うのだ。「もしあの時、私の両親が出会っていなかったら、私は存在していなかったんです…」「あのとき母がハンカチを落としていなかったら…」「あの日、父が忘れずに髭を剃っていたら…」そんな可能性はSFなどの創作物で散々こすられてきた。それに同じ両親から生まれるにしたって、この「わたし」かどうかは決まっていたわけではない。「もしあの時の両親がケンカが長引いていたりして、仲直りの時期が遅かったら」、「もしあの時、父親が長期出張を上手く断れていたら」、あなたは生まれていなかったかもしれない。そのような可能性も無限と言っても良いくらいたくさんある。つまり、きょうだいや双子が違った人間であるように、同じ両親から生まれたとしても、同じ人間であるとは限らないのである。「確実に同じ精子と卵子の組み合わせでないと言えるなら、それは遺伝子的に考えても同じ人間ではあり得ない」とパーフィットは言う。あなたの両親が結果的に子どもを産んでいたとしても、タイミングが少し違ったら、他の精子が着床していたら、それはあなたではない誰かであったわけだ。というわけで、先の政策の話に戻ると、どちらの政策が選ばれるかによって、未来に存在する集団はまったく違うものになるということになる。直接的にせよ、間接的にせよ、政策は各々の出産に影響を及ぼす。ある人は、危険な政策を選ぶ社会に絶望して、子孫を残さないことを決めるかもしれないし、ある人は、その政策の影響で仕事が忙しくなって、子どもを産むタイミングが一か月遅れるかもしれない。その差は些細なことに思えても、何年も経てば、いや、そこまでたたなくとも、存在する人間はまったく違った人々なのである。

そして、もし私たちがこの私自身であることを重要なことだとするなら、過去の重大な決定について、私たちは一切非難することができないということになってしまうのである。重大な決定だけではない。過去のあらゆる決定や成り行きを非難できなくなるのだ。しかし、本当に重要なのはそこではない。今の自分がこの自分としていようがいなかろうが非難することは自由だが、この理屈を鑑みると、未来の世代の人々ために何かをするということが難しくなる、というよりできなくなってしまうのである。例えば、ある親である人が子どもに責任を持つという場合、今いる子どもの将来に関して害になる行動をしてはいけないということが含意される。特定の益されたり害されたりする対象が存在するわけだ。しかし、「非同一性問題」から考えると、未来の世代を害するだろうと思われる政策を実施しても、それをしなかった時とは、その世代に当たる対象が全く異なるのである。少し乱暴に言えば、この自分が自分であることを重く受け止めるのならば、この自分が自分として生まれてきたことを肯定するのならば、三〇〇年後の人々は、核廃棄物によってどんな大変な事態に陥っていたとしても、三〇〇年前の核廃棄物の埋立にも感謝しなくてはならないことになるわけだ。その政策がなければ、その世界の誰も存在していなかったことになり、たまたま同じだけの数の人間が居たとしても、それはみんな別人になってしまうからである。核廃棄物に悩まされることの無い素敵な世界に、その人々が存在できた可能性はないのだから、その危険な政策を選んでくれたご先祖様に感謝するしかない。それを解決するためにパーフィットが用意したのが「非人格性の倫理」である。これは古典的功利主義における「一人を一人として考えそれ以上には考えない」という特徴と親和性を持つ。

ここで簡単に功利主義と、よくそれに対比される義務論について説明しよう。功利主義は、といっても主に古典的功利主義は、以下の三つの特徴を持つ。

1. 快楽（幸福）を善とする（快楽説）
2. 結果を重視する（帰結主義）
3. 一人を一人として考えそれ以上には考えない

その上で、快楽（幸福）が最大化することを目指す行為を正しいとするのが功利主義的な考えとなる。

ここで「快楽＝幸福」ではないのではないかと考える人もいるかもしれない。諸々の努力は苦痛だがそれは幸福につながるし、ただ快楽を求めて日々を送っていたら幸福にはなれないのではないかと。しかし、長いスパンで考えることを強い快楽説は要求するだろう。つまり、幸福につながる苦痛は快楽なのであり、不幸につながる快楽は実は苦痛なのだというように言えるということだ。筋力トレーニングをした後にくる筋肉痛は、程度にもよるが、筋力増強や筋肥大のためには嬉しいものだろう。他方、薬物の多量摂取は一時的な快楽を得ることができるかもしれないが、体をむしばむことになり、全体から見ると苦痛でしかないのである。

次に、「結果を重視する」というのは、例えば悪意など行為の動機については考慮に入れないということだ。相手を傷つけようとして背中を殴るという行為が行われたとする。その相手がたまたま餅を喉に詰まらせていて呼吸困難で死にかけていたが、その衝撃で餅が喉から飛び出し、命が救われたとしよう。だとするとその行為は、相手を傷つけようとして行われたにもかかわらず、善く正しいのである。動機は考慮に入れなくて良いのである。

最後に、「一人を一人として考えそれ以上には考えない」ということはどういうことかというと、ある人数を犠牲にしてその人数以上が助かる場合は、その犠牲は許容されるということである。その一人が自分であろうと愛する家族のうちの一人であろうと、犠牲にしなければ真の功利主義者とは言えないのだ。

そういった功利主義によく対比させられるのが義務論である。義務論は、私たちには何らかの道徳律、掟のようなものがあり、それを守ることが正しいことであり良いのだという考え方である。例えば、「人を殺してはいけない」とか「嘘をついてはいけない」、ひいては「人を害してはいけない」といったものがあげられるだろう。三つ目の例の「人を害してはいけない」は無危害原則と呼ばれ、反出生主義においても重要なものである。そして厳格な義務論は帰結主義を採らないため、どうあろうが、つまり誰かを守るためであろうが、所謂「優しい嘘」であろうが、人を殺してはいけないし、嘘をついてはいけないのである。

この二つの立場は、高校の授業などで所謂「トロッコ問題」を用いて説明されることが多い。しかしそれは正確ではない。そのよく使われる「トロッコ問題」は次のようなものだ。

暴走トロッコが線路の上を走っていて、それが走ってくる線路には先に分岐器があり二股に分かれています。その分岐器を操作しないと、トロッコは五人の人をひき殺してしまいます。しかし、あなたは分岐器を操作できる場所にいて、操作するともう一方にトロッコは進み、今度は別の一人をひき殺してしまいます。あなたは分岐器を操作してその一人の命を奪いますか？　それとも何もせずに五人が死ぬのを傍観しますか？

まず、実際問題としては、線路の分岐器を中立にするという対策が考えられる。中立にすればトロッコは脱線し真ん中で止まるか倒れるかする。しかし、「トロッコ問題」を得意げに話す教師はそれを言いたいわけではない。わざわざ一人の人を能動的に殺すという選択を、五人を見殺しにする選択を避けて選べるかどうか、功利主義的な選択をとれるかどうかを問うているのである。

確かにここで一人の人を能動的に殺すという選択は確かに功利主義的かもしれない。しかし、五人を見殺しにする選択が義務論的かと言われると疑問が残る。結局は見殺しにしているからである。ここでは義務論に従った行動はあり得ない。どっちにしても義務が果たせない状況であると言えるだろう(11)。

話を元に戻そう。「非同一性問題」が確かにあるとして、そこから考えると私たちに未来への責任はなくなってしまう。そこで、パーフィットは、同一の人格の存続という事態は幻想とし、自分が自分であることは倫理を考える上で重視しないことにしたわけだ。「ある人を存在させることは、この人に利益を与えることであり得る」けれども、その人がその人であることは重視しないようにする。これが「一人を一人として考えそれ以上には考えない」という古典的な功利主義の一つの特徴とも合致するわけだ。そうだとすると、未来の集団がいかに違えど、そこに人はいるわけだからその人たちが苦しまないようにする義務は生じ、未来への責任もあるということになるわけだ。しかし、「ある人を存在させることは、この人に利益を与えることであり得る」というのはそこまで大事な前提だろうか。「ある人を存在させることは、この人に利益を与えることであり得る」なんてことはなく、むしろ逆に「ある人を存在させることは、この人に害を与えることである」のが確実だとしたらどうだろうか。

誰かを存在するようにさせることは良いことだとパーフィットは思いたかったし、本能的なものに従って、もしくは「自然に」、(こう言ってしまうと嫌な人もいるかもしれないが)性欲のせいで、繁殖を続けている我々は、それが悪いことだなんて言われたくはないだろう。しかしむしろ、確実

(11) また、このような問題提起は私には非常に不快であり、ハラスメント的に思われる。この思考実験はアメリカの哲学者マイケル・サンデルも用いているが、日本に原爆を落とした国の人間がその日本の人々に語るという非常に残酷な構図を、サンデル自身もその説明を聞く日本人も想起しないのだろうか。「終戦を早めるため」という表向きの理由を正当化させる根拠になり得る功利主義を「トロッコ問題」は歴史上の悲惨な行為を想起させつつ説明するのである。

に「ある人を存在させることは、この人に害悪を与えることである」とベネターはこれから紹介する『生まれてこないほうが良かった』という著書の中で主張しているのである。

II 「生まれてこないほうが良かった」とはどのようなことか？

――ベネターの思想を読み解く

1 『生まれてこないほうが良かった』全体の構成

ここからは順番に、ベネターが『生まれてこないほうが良かった』の中で何を言っているのかをかみ砕いて、また独自の説明を補いながら述べていこうと思う。補いすぎてしまっているかもしれない。ただし、以下の記述を読めば、『生まれてこないほうが良かった』について学術論文を書こうなどという人以外は（そのような人は原書も読んで下さい）、私の訳した翻訳書を買うなどして読まずとも読んだということにしてもらって考えたり、話をしてもらっても良い記述になっている。翻訳者の私自身のお墨付きである。また、うまく訳せてなくて申し訳ないという気持ちもあるが、そもそも『生まれてこないほうが良かった』は諸々の議論を前提としている専門書である。つまり、読む際にある程度の倫理学の知識が必要なのである。確かにベネター自身はそれらの知識がそこまで必要ではないように配慮しているつもりではあるのかもしれないが、それでも難しい。私の本の読者は前章までで必要な分の情報は得てもらったとしておく。また、『生まれてこないほうが良かった』の文章は、どの記述が重要でどの記述がそれほど重要でないのかがはっきりせず、特にその時点での反対論者への反論を途中にふんだんに盛り込んでいるため（このことが本当に記述を複雑にしている）、分かりやすいものにはなっていない。むしろ、この『生まれてこないほうが良かった』を教科書に「現代倫理学」という授業をするならば、教員の解説とともに読み進められるのでその塩梅が丁度良い感じにはなっているのかもしれない。と言ってはみたもののそれでも難しいかもしれない。特に第2章は『生まれてこないほうが良かった』だけを読んでも非常に分かりにくい。

ともあれ、始めてみよう。

『生まれてこないほうが良かった』は、「はじめに」および以下の七つの章で構成されている。

第1章　序論
第2章　存在してしまうことが常に害悪である理由
第3章　存在してしまうことがどれほど悪いのか？
第4章　子どもを持つということ――反出生的見解
第5章　妊娠中絶――「妊娠中絶賛成派」の見解
第6章　人口と絶滅
第7章　結論

メインとなるのは第2章と第3章であり、第2章で「存在してしまうことが常に害悪である」ということが論じられている。ここで有名な基本的非対称性が語られている。

ベネターの言う基本的非対称性というのは、快と苦が対称的なものではないということである。詳しくはあとで説明するが、苦がないことは良いことだが、では快がないことは対称的に悪いことかというとそうではないという話だ。苦がないことは良いが、快がないのは別に良くも悪くもない。これが基本的非対称性の簡単な説明になる。(12)

第3章では、所謂「人生の質(クオリティーオブライフ、QOL)」を決定することはとても難しいということが述べられている。このことは、たとえその当人がその人生に満足し、生まれてきて良かったと述べていたところで、実はそうではないと考えたほうが妥当だということを示すことになる。また世界がいかに苦難で満ちているかが語られるのもこの章だ。

第4章では、子どもを持つことへの義務や権利について語られる。私たちには子作りをしてはいけない道徳的な義務があるが、子作りをする法的な権利はあるという話になる。それに加えて、障碍者の権利や生殖補助と人工生殖についても見解が述べられる。

第5章では、中絶の問題が語られる。ベネターは、所謂「中絶権利擁護派(プロチョイス)」どこ

(12)『生まれてこないほうが良かった』の中では「基本的非対称性」という単語は出てこない。出版後に、反対論文に対する反論を述べているベネターの論文の中でベネター自身が名付けた名称である。

ろか、積極的に中絶に賛成する立場をとるが、ここでも「線引き問題」は発生する。さすがに母胎から出てくる直前の胎児を殺すのは殺人であり不道徳だ。ではいつまでなら積極的に道徳的である中絶をすべきなのか。残念なことにベネターは「線引き問題」を解決できているわけではない。ここでのベネターの結論は、はっきりと線は引けないというものである。ただ、現実的には、二七週目あたりにするのが妥当だろうということが示唆されている。

第6章では、理想の人口がゼロだということが説明されている。ありそうにはない話ではあるが、もしベネターの主張が全面的に支持されたら、人類は生殖することを止めることになり、最終的には絶滅する。ベネターは、まさに絶滅に直面した人類にとっては悪いことだが、絶滅それ自体は悪いことではないと主張し、段階的絶滅を提唱する。

序論と結論では、子どもを生むことにまつわる偏見や、自殺についてなど独立してそれぞれ重要なことを言っているわけだが、まずはやはり、有名な「基本的非対称性」が登場する第2章から説明していこうと思う。そして、「基本的非対称性」によって存在してしまうことは常に害悪であるということが言えるわけだが、その前に、パーフィットも悩んだところの、可能的存在について価値判断をすべきかどうか、価値判断ができるかどうかを考えなくてはならない。

2　可能的存在についての価値判断

まず、そもそも、「悪い」と判断するのに比較の対象は必要だろうか。実は、比較の対象はなくとも悪いと判断できることはあるのだ。例えば、「より悪い」というのは次のようなことだろう。想像したくはないが、車のドアに手を挟まれていて、その車は燃えさかっているとする。状況からして、手を切り落とさないと死ぬという状況だ。何もない状態で手を切り落とされるなら悪いことだが、この状況なら死ぬほうがより悪い状況だということになる。「存在しない」ということに対して、「存在しなかったことによって、もっと悪い状況に陥る」、つまり「手を切り落とさなかったことで死ぬ」ようなことはあり得ない。存在していないのだから当然だろう。また、誰かつらい状況にある人が「こんなことなら、存在していないほうがマシ!」と言ったとしよう。これは必ずしも「死にたい」という希望を表しているとは限らないし、そうではないことが多いだろう。死んだほうがより良い状況になると思っているというよりも（まあそういう人もいるかもしれないけれど）、端的に「非存在のほうが良かった」ということを指しているのである。つまり、「自分なんて、最初から存在しなければ、こんなことにもならなかったのに！」ということなのだろう。すると、この人は「存在することは害悪だ」と認識していることになる。これがあっていようが間違っていようがとりあえず、存在するようになることは害悪であり得るとは言えるのだ。これは、存在と非存在を比べることは、ある人が存在する／しないということについて考えることではなく、ある人が存在する世界と、存在しない世界を比べることだということを示している。そこでは、ある人という比較対象が、その人が存在しない世界では（存在しないのだから）ないということになる。しかしそれでも存在する世界を「悪い」と判断できているのだ。というわけで、私たちは特定の誰かを対象にすることなく、純粋に「非存在」という状態について考えることが可能なのである。

また、パーフィットは先に説明したように、「ある人を存在させることは、この人に利益を与えることであり得る」と言った。生まれた直後に助けられることが良いことなら、生まれる可能性のある存在が実際に生み出されることもまた良いことであると考えたわけだ。その理由が、生まれた直前と直後で利益になるかどうかが変わってしまう理由がないからなのだろうが、実はそのこと自体が理由となる。それは、始める価値と続ける価値には違いがあるという理由だ。これが違うというのは、好きで始めた習い事が途中で嫌になる場合を考えると良い。子どもの頃、みんなが通っているからという理由（これが始める価値）でバレエ教室にねだって通わせてもらったが、レッスンがきついという理由（これが続ける価値、この場合は続けるのをやめる価値だが）でやめるということはよくあるだろう。逆に、自分は嫌だったのに大人に無理やり通わされた柔道が、やってみるとすごく楽しくて続けているといったこともあるだろう。このことは、反出生主義への非常によくある反応への効果的な応答となる。「生きてると楽しいこともたくさんあるじゃん！　それが無価値だっていうの？」とか、「生まれてこないほうが良かった、なんていうなら、さっさと死ねば良いのでは？」といった反応である。こういった反応をする人は、始める価値と続ける価値の違いを見落としてしまっているのである。ベネターはそれを映画鑑賞でたとえている。ある暇な日曜日、あなたは映画館に来たとしよう。ちょうどやっていた映画を観ることにしたが、観始めたらあまり面白くなかったということはあり得る。あなたは「こんなことなら、家で寝てればお金もかからなくてよかったなあ…」と思うかもしれない。しかし、だからと言ってすぐに映画館を出ていくとは限らないはずだ。映画の評価として「即刻観るのをやめるほど最悪」と「わざわざ観に行く価値はなかった」というのは、まったく別の基準で判断されるからだ。人生も同じなのである。確かに、すぐに死んでしまうのが良いと判断されるような人生ばかりではない。でも、それが「リスクを覚悟のうえで、あえて始めるべき人生だったか？」と問われるとどうだろうか。少なくともこの私の人生は、「死ぬほどじゃないけど、わざわざ始めなくても良い」と思える人生である。

ちなみに、パーフィットもこだわった「人格」については、ベネターは、ある一点を基準に突然あったりなかったりするものではないと考えている。人格は、剥奪され得るもの（＝利害 interest）が増えることによって、徐々にできていく過程のようなものなのである。だから、失うもののほどんどない生まれた直後の嬰児を、失うものがたくさんある成長後の人間と全く同列に考えることはできないし、それは存在を良いものと考える根拠にもならないということになる。となると、始める価値と続ける価値の違いも、奪われるものがあるかないか、という点から説明できる。私たちは一度生まれてしまえば、色々な関係の中に身を置くことになるし、その中で変化が生じると利益を得たり、損害をこうむったりする。特に死ぬということになれば、様々なものが奪われるだろう。一方で、始まっていない人生については、「奪われる」ということは決してないのだ。そして、何かが奪われることに、私たちは抵抗する。確かに、奪われることがないことも、奪うものがないことも、同じ「ない」状態であることに変わりはない。しかし、私たちは「そもそもない」という事態よりも「あるものが奪われる」という事態を重く考える傾向にある。明日、一〇〇万円をあげると言われて、明日になって「やっぱりあげない」と言われたら、同じ「ない」状態なのに、そういうことが起こると嫌だし腹が立つだろう。だから、「奪われる」ということがなされるためには強い理由が求められるし、全てを奪われないためにある程度犠牲も払うわけだ。死なないために腕一本捨てる決断をするように、である。そう考えると、死んで終わらせたほうがマシな人生と、そもそも始まってもいない人生の価値判断は、同じ基準ではできないのである。

だから、「絶対に生まれない人」について考えるときに「これから生まれる人」や「すでに生まれた人」の場合を混同することは間違いなのである。往々にして、私たちは生きている側の視点で語ってしまう。しかし、それはいま生きている自分や特定の人物が「存在しないほうが良かった」

とは思いにくいからであって、非存在について適切な判断はできていないと言える。そして、そもそも生まれてこない人は苦痛をまぬがれるのだ。誰しも人生の中で、風邪をひいたり、怪我をしたりするだろう。それはまぎれもなく「避けたいこと」「嫌なこと」であり、苦痛だ。また、生まれたら必ず死ぬ。死ぬのは怖いし、苦痛を伴うことがほとんどだ。しかし、そういった苦痛は、生まれれば確実に味わうことになるが、生まれさえしなければ、こうむることもないのである。それでも始めたほうが良い人生なんて本当にあるのか、その疑問を考えるためには、存在者側からでも冷静に判断するために、「絶対に存在しない人」を想定した議論をしなくてはならない。ただ単純にそう思っても、比較対象が存在しない非存在をとらえるのは難しい。存在しないのだから。そこで、「ある人物が存在している世界」と、「その人物が存在する可能性のない全く別の世界」を比較してみるわけである。次の章に出てくる表では世界をシナリオという言葉で表している。世界というとその世界は存在してしまうから、シナリオのほうが良いのだろう。

3　基本的非対称性とその説明力

「ある人物が存在している世界」と、「その人物が存在する可能性のない全く別の世界」を比較するのが、基本的非対称性の表だ。先にも述べたが、対称的でないのはその世界の中での快と苦である。苦がないことは良いことで、快がないことは悪いことだとすれば対照的だ。しかし、そうではないのである。苦がないことは良いが、快がないのは良くも悪くもないことだとベネターは言う。これが基本的非対称性の簡単な説明になる。基本的非対称性は、ベネターと私自身の直観に適うものであり、また、ベネターはこれまで論駁されていないと信じているようだ。ベネターによれば「根本的な道徳における真実として私の心に響いている」とも言われる、快と苦の（より一般化すれば利と害の）この非対称性は、以下の四つの命題からなる。

（1）苦が存在しているのは悪い

シナリオA （Xが存在する）	シナリオB （Xが決して存在しない）
(1) 苦の存在 （悪い）	(3) 苦の不在 （良い）
(2) 快の存在 （良い）	(4) 快の不在 （悪くはない）

基本的非対称性の表

（２）快が存在しているのは良い
（３）苦が存在していないことは良い
（４）快が存在していないことは悪くはない

（１）と（２）は、Xさんという誰かが存在する場合である。シナリオAとなっている。（３）と（４）は誰か、Xさんが決して存在しない場合である。これがシナリオBだ。少し補足しておくと、つまり、（３）は、たとえその良さを享受している人がいなくとも良いのであり、（４）は、こうした不在がその人にとって剥奪を意味する人がいない場合に限り、悪くないということになる。

　表にすると上のようになる。

（４）の、快が存在していないことは悪くはないということは少し説明を加えておいたほうが良いだろう。これは悪くもないし、良くもないということだ。かたや、（３）苦が存在していないことは、積極的に良いのである。ここにその主体となる人はいない。つまり、そのシナリオBでは、Xという誰かが決して存在しないからだ。ここに非対称性の肝がある。加えて、ここで、快・利・善（良）や苦・害・悪といった言葉

シナリオA（Xが存在する）	シナリオB（Xが決して存在しない）
(1) 悪の存在（悪い）	(3) 悪の不在（良い）
(2) 善（良）の存在（良い）	(4) 善（良）の不在（悪くはない）

について説明しておきたい。ベネターはここでの快と苦は、利と害の一例に過ぎないと言っている。また、後のインタヴューでの話になるのだが、誤解されないように善と悪という言葉だけで語れば良かったとも言っていた。[13] それに従うと上のような表になるだろう。

悪の不在は誰がいようがいまいがどうしたって良いことだが、何か善いことがないことはそもそも誰かがいないのならば別に悪いことではないということだ。繰り返すが、これが、非対称性の肝だ。また更に付け加えておくと「善（良）」としているのは、「善」と「良」という二つの漢字にあるような区別が英語（good, better, best）にはないからだ。そして「善」は単独で名詞として使えるが「良」はそうではない。よってこのように表記している。

ここで話を元に戻そう。どうして基本的非対称性が真実とされるのか。まずは次の文言について考えて欲しい。

悲惨な人生を送るだろう人々を生み出すことを避ける義務はある。しかし、幸福な人生を送るだろう人々を生み出さなければならない義務はない。

シナリオA（Xが存在する）	シナリオB（Xが決して存在しない）
(1) 苦の存在（悪い）	(3) 苦の不在（良い）
(2) 快の存在（良い）	(4) 快の不在（悪い）

いかがだろうか。これを否定できるだろうか。家父長主義者に代表される、人は子を作るべきだというような価値観を持つ人々はこれを否定するかもしれないが、その議論はとりあえず置いておきたい。そう考えることがどれだけ害悪をもたらしてきて、今後も害悪をもたらすかについては本書の読者には理解されているものとして話を進めよう。ともあれ、実際に、子作り、生殖についてはこうした非対称的な事実があるとベネターは言うわけだ。これをベネターは「生殖に関する義務の非対称性」という事実として示している。

ここで考えて欲しいのは、もし、先の（1）〜（4）が次のようだったらどうなるだろうかということだ。

（1）苦が存在しているのは悪い
（2）快が存在しているのは良い
（3）苦が存在していないことは良い
（4）快が存在していないことは悪い

表にすると右の頁の図のようになる。

この対称性を採ると、悲惨な人生を送るだろう人々を生み出すことを避ける義務があることには変わらないが、これだと、「快が存在していないことは悪い」ため、それを避けなければならなくなり、結果として、幸福な人生を送るだろう人々を生み出さなければならない義務はあると言わなければならなくなってしまう。

このような、基本的非対称性を認めないと説明できない非対称的な事実をベネターは他にも三つ、全部で四つあげている。先のも含めて並べて示そう。

i　生殖に関する義務の非対称性

悲惨な人生を送るだろう人々を生み出すことを避ける義務はある。しかし、幸福な人生を送るだろう人々を生み出さなければならない義務はない。

(13) そのことは最初に私が、*Better Never to Have Been* を読んだ時にも思ったことだし、そのインタヴューの数年前、実際にお会いした時に直接言いもしたのだが、英語がうまく通じなかったようだ。ともかく、後年、ベネター先生がそれに気が付いてくれたことは嬉しい。小島が言っていたことなんて憶えていないだろうけど。

ii　予想される利益の非対称性
子どもを持つ理由として、その子どもがそれによって利益を受けるだろうということをあげるのはおかしい。しかし、子どもを持たない理由としてその子どもが苦しむだろうということをあげるのは、同じようにおかしいというわけではない。

iii　回顧的利益の非対称性
苦しんでいる子どもを存在させてしまった場合、その子どもを存在させてしまったことを後悔すること、そしてその子どものためにそれを後悔することは理にかなっている。しかし、幸せな子どもを存在させることができなかった場合は、その子のためにそのできなかったことを後悔することはあり得ない。

iv　遠くで苦しむ人々と存在しない幸せな人々の非対称性
私たちが遠くで苦しんでいる人々のことを悲しく思うのは当然だ。しかし、無人の惑星や無人島、この地球の他の地域に存在していない幸せな人々のために涙を流す必要はない。

それぞれ説明していこう。ちなみに、iとii、iiiとivは非常によく似ている。
「ii　予想される利益の非対称性」では、対称性を採ると、「子どもを持つ理由として、その子どもがそれによって利益を受けるだろうということをあげる」のがおかしいことではなくなってしまう。確かにそれは支離滅裂なことを言っているわけではない。しかし、ここで重要なのは「同じように」という副詞である。同じようにおかしいというわけではないのだ。苦痛を被る子どもを存在させるのを避ける道徳的な義務の強さは、子どもが存在して受ける利益を考慮する義務よりもはるかに強い。後者は義務というのも憚られるだろう。

「iii 回顧的利益の非対称性」では、対称性を採ると、幸せな子どもを存在させることができなかった場合に、「快が存在していないことは悪い」ため、後悔しなければならなくなる。

「iv 遠くで苦しむ人々と存在しない幸せな人々の非対称性」も同様で、対称性を採ると、そもそも存在しない人を想像した場合に、「快が存在していないことは悪い」ため、悲しまなければならないというほどではないかもしれないが、悲しくて涙を流す人を健常ではないと判断することができなくなってしまう。勿論、想像上の人々が苦しんでいるのをわが身のことのように思って悲しくなることはあるだろうが、この場合は、無人の場所を見ただけで、そこに幸せに暮らす人々がいないということを積極的に悲しむことがおかしい話ではないということになってしまうわけである。

というわけで、基本的非対称性はそうした事実がなぜそうなのかを説明してくれている。対称性を採るとそれらの事実は説明できなくなってしまうのである。そして、基本的非対称性からすると、シナリオBには良さしかないわけだから、私たちは存在するより存在しないほうが良かったのであり、必然的に子どもは作るべきではないということが導き出されるのだ。

4　快が苦を打ち消せば良いのではないかという反論

ここで誰しもが思いつくのが、快が苦を打ち消せば良いのではないかという反論である。それぞれにプラスとマイナスとゼロを当てはめるわけだ。

シナリオA

（1）苦が存在しているのは悪い　→　－（マイナス）

（2）快が存在しているのは良い　→　＋（プラス）

シナリオB

（3）苦が存在していないことは良い　→　＋（プラス）

（4）快が存在していないことは悪くない　→　0（ゼロ）

そして、シナリオAでの（1）と（2）の量的な差が、（3）よりも大きければ生まれてきても良かったことになるという反論である。具体的に数字を当てはめてみよう。（1）がマイナス50、（3）がプラス50だとすると、（2）がプラス100より大きければ生まれてきたほうが良かったことになると言うわけだ。

これにはベネターは健康さんと病気さんという例を出して反論する。健康さんはずっと健康で決して病気にはならない。病気さんは病気にはなるが、急速快復能力を持つ。なお、健康さんは急速快復能力は持たない。どちらが良いかという話だ。この場合、シナリオAに病気さんが当てはまり、シナリオBに健康さんが当てはまる。プラスの数値が50だ100だの数値で比べられる話ではないのだ。そもそも健康さんは決して病気になることはないのだから。

他にも例を出して考えてみると、マンガによくある特別な能力者を想定すると分かりやすいと思う。あらゆる攻撃を決して受け付けない能力者「アルティメットバリアさん」と、普通に攻撃を受けダメージを食らうが急速快復能力を持つ能力者「アルティメットヒールさん」のどちらが強いかという話だ。対決して勝つ可能性があるのは前者だ。アルティメットヒールさんはいくら鍛えても、アルティメットバリアさんに攻撃は通らない。アルティメットバリアさんにはアルティメットヒールさんが急速快復能力を使うその隙に、相手を倒せるだけの一撃を与えられるように鍛えれば良いのだ。それは大変かもしれないが、逆にアルティメットヒールさんにはアルティメットバリアさんを倒す方法がない。攻撃が全く通らないのだから。

ただし、ベネターの例における病気さんにしろ、私の例におけるアルティメットヒールさんにしろ、急速快復能力によって補填できるのは先の数値で言えば100までである。しかし幸せな人生というものは、(2)において100を超えた数値を持っているのだという反論をされてしまうだろう。病気さんの例で言えば、健康な状態まで急速快復する以上の何らかの価値が付与されれば良いのではないかということだ。つまり、快が苦を打ち消して、更なる快がそこにあれば良いということになる。

おそらくこれが、基本的非対称性の表とi〜ivの非対称的な事実を受け入れたとしても残る大きな問題の一つだろう。結果として、差し引きしても幸福な人生なら良いのではないかという話だ。

この話は、反出生主義者が言われるだろう「人間万事塞翁《さいおう》が馬なんだから、悪いことがあったってそれだけを見て生まれてこないほうが良かったなんて言うものではない」という非難とつなげて考えると良いかもしれない。この非難をしている人は中国の古典にある「塞翁が馬」という話を、あまり勉強せずに引き合いに出している。項羽と争い覇権を握った劉邦の孫、劉安が編纂させたとされている『淮南子』という書の中にある話だ。ある時、塞翁と呼ばれる男は馬を所持していたのだが、その馬が逃げてしまった。塞翁は悲しんでいたが、後日、その馬は別の良い馬を連れて二頭で戻ってきた。塞翁はとても喜んだ。しかし、その良い馬に乗った老人の息子が、落馬して骨折してしまった。塞翁はとても悲しんだ。しかし、その骨折のおかげで、たまたま息子は兵役を逃れることができた。以上のような話である。ちなみに、「人間万事塞翁が馬」というのは、その「塞翁が馬」を引用して後の元の時代の禅僧、晦機元熙《かいきげんき》が残した七言絶句「人間万事塞翁馬、推枕軒中聴雨眠（じんかんばんじさいおうがうま、すいちんけんちゅうあめをきいてねむる）」からきている。

確かに人生には、基本的に、悪いことばかりではなく、良いこともある。そして決してすべてが予想できることはない。この話は、先のヘロドトスの描いたクロイソスとソロンの話に通じる。しかし、良いことも
あるかもしれないし、悪いこともあるかもしれないに過ぎないのだ。悪いこともあるかもしれないわけだ。なお、実は『淮南子』の「塞翁が馬」も「福の禍と為り、禍の福と為るは、化極む可からず、深測る可からざるなり」と結ばれる。「良いことが悪いことに結びついたり、悪いことが良いことに結びついたりするが、どうしてそうなるのかはよく分からないし、予測することもできないよね」という意味だ。

とはいえ、「塞翁が馬」の話は、つらいことや悲しいことがあった時に、励ましにはなるだろう。励ましは悪いわけではないどころか、苦難ばかりの人生の中でとても大事なものだと思う。ただ、同じ励ましなら、あくまで個人的には有名なシンガーソングライターの竹内まりや氏の「元気を出して」を聞くほうが、励ましの効果があり、価値高いと思っている。綺麗なメロディーの効果もさることながら、竹内氏が歌詞で言うのは、過去の失敗に囚われず、前に進むべきという指針だ。悪いことが起こった時に塞翁は別に何もしなかった。馬が逃げて探そうと努力したわけでもなかった。友人の言葉に声を傾けるわけでもないのである。その態度は、晦機元熙の「推枕軒中聴雨眠」にも

よく出ている。「自分のおうちで雨音を聞きながら寝ています」といった意味だ。しかし、これもそれ自体が悪いわけではない。禅宗的な考えや『淮南子』の「塞翁が馬」の話の背景にある世界の真理的なものを考えることはそれはそれでやってはいけないようなことではないし、それを励ましや人生訓的なものとする人もいるだろう。まあそれだったら竹内氏の曲を聞いていたほうが良いと個人的には思うが、それは人それぞれだろう。

しかし、そもそも、「塞翁が馬」の話はそりゃそうだろうというだけで、それだけでは反出生主義へのまともな反論にはなり得ない。この「塞翁が馬」、人生には悪いこともあれば良いこともあるという話に加えて必要なのが、「快が苦を打ち消せる」、良いことの量が大きければある程度悪いことがあっても良いのだという話なのである。

ここで注意しておきたいのが、実際もう生まれて人生を始めてしまっている私たちにとっては、良いことが多くなるように行動したほうが勿論良いということだ。そもそも反出生主義は「生まれてこないほうが良かったなぁ」と嘆くための思想ではない。私も常々嘆いてしまいはするが、そういう時は落ち着いて考えてみたほうが良い。今更嘆いたってしょうがないし、そもそも自分ではどうしようもなかったことだ。そうではなくて「子どもを作ることは間違っている」という思想なのである。「今更嘆いたってしょうがないし、そもそも自分ではどうしようもなかったこと」だけれども、そう嘆いてしまう存在を新たに作り出す必要はないし、それは間違っているのである。つまり、「子どもを作ることは間違っている」という思想に至るための一つのルートとして「生まれてこないほうが良かった」ということを示すルートがあるということである。確かに日本語で「○○しないほうが良かった」というと、例えば、「この本を買わなければ良かった」という場合もそうで、若干の後悔をしている感がある。「生まれてこないほうが良かった」というと、「生まれてこなかったほうが良かったのに、生まれてしまって残念だなぁ」というお気持ちの表明感が強い。それは、原題の *Better Never to Have Been* という英語の題名でもそうだろうから、訳の問題というわけではないが、そういった誤解されるような感じをなるべく出さないように訳すと、大変下手な直訳ではあるが、「決して存在するようにならないことがより良い」というようになるだろう。自分がどうとか、そういうことではなく、極めてというかなるべく客観的に、「決して存在するようにならないこと」について、存在するようになることよりも、「より良い」と言っているわけである。それで言うと、「塞翁が馬」の話はそもそも生まれた後の話なので、ベネターの議論とは異なる位相の話なのである。ベネターの議論は始める価値についての話で、「塞翁が馬」の話は続ける価値についての話なのだ。

そして、生まれた後に生まれなかったよりも幸せな人生、「塞翁が馬」的に色々あったとしても、最終的に（2）においてプラス100を超えた数値を持っている人生を持つことを確実に約束された子どもなら作ることを許されるのではないかという考え方もあるだろう。しかし、これには反論が可能だ。まず、一つ目の反論としては、そのような約束など誰もできないということがあげられる。不測の事態はあり得るため、不測の事態はあり得ないという想定は現実的には無意味だし、できないのならばそれは外して考えるべきだからというのがあげられる。また、先に「i〜ivの非対称的な事実を受け入れたとしても」と言ったが、実は、快が苦を打ち消せて、（2）においてプラス100を超えた数値を持っている人生を持つことを約束された子どもなら作ることを許されるという話になると、それら非対称性の事実のうちのi〜iiiを少し改変しなければならなくなってしまうだろう。特に改変が必要となるのはiiとiiiである。iiに「子どもを持つ理由として、その子どもがそれによって利益を受けるだろうということをあげるのはおかしい」とあるが、そうではなくなる。幸せな人生を確実に約束された子どもが想定できるなら、それはあまり不思議なことではなくなるからだ。iiiにおいても「幸せな子どもを存在させることができなかった場合は、その子のためにそのできなかったことを後悔することはあり得ない」というわけではなくなるだろう。むしろ、全体の幸福が増すために存在させたほうが良かったわけだから、後悔すべきということになる。そして、iに関しても、どれだけ厳格に考えるかにもよるが、可能な善行をしないという理由で、完全な義務ではないが、一応の義務はあることになるのではないだろうか。この今の話がおかしく感じるのは、幸せな人生を確実に約束された子どもというものが存在せず、想像が非常に難しいからである。

だとすると、行政を含む社会や家族、つまり生まれる子どもの周囲が非常に協力的でそのことに関して努力を惜しまず、ある程度幸せになるだろうことが想定される子どもなら作っても良いと言いたくなる人はいるだろう。しかし、ある程度幸せになるだろうという想定すらも現実には誰にもできない。生まれた後の本人にすらできないのである。生まれる前は勿論、生まれた後もなのである。

5　人生の質の評価と世界における苦痛

想定ができないとハッキリ言える根拠は、人生の質の自己評価は信頼できないからである。「最終的にその人自身が幸せだったと思えれば良い」は通用しないのである。これも当たり前の話だ。それなりに良い境遇でそこまで酷い扱いを受けずに死んでいった奴隷や、暴力をふるう恋人のたまに見せる優しさが嬉しくて、最終的に死に際にやさしく抱きしめてくれたからそれだけで今まで貢いできた分を考えてもチャラになるくらい幸せだったという人物、南北戦争の時代を特に奴隷制には反対せずに強く生き抜いたスカーレット・オハラ、家父長制の価値観に縛られて性別役割が徹底している大家族の中で幸せだと思って死んでいった人物など、むしろそれが通用すると考えてはいけない例は、古今東西いくらでも出せるだろう。それらをロールモデルにすることは、非倫理的であると言えよう。このように例を考えていくと、言わされているだけ、思わされているだけという場合が確かにあるのだ。

しかし、ベネターは、人生の質の自己評価は信頼できない、つまり本当のところ自分で自分が幸せかどうかなんて分からないよね、という話をするにあたって私があげたような例を出すわけではない。基本的非対称性をもとに子どもを作ることが間違っているというためには、「快が苦を打ち消せば良いのではないかという反論」をつぶさなければならないわけだが、自分の人生において快が苦を打ち消せているかどうかなんて私たちには分からないという話を以下で説明してみたい。ちなみに、このこと、「分からない」という話は、先の「塞翁が馬」の結び、「福の禍と為り、禍の福と為るは、化極む可からず、深測る可からざるなり」とも少し繋がるだろう。所詮人間には正確な予測も正しい自己評価も不可能なのである。

ベネターはそもそも、快苦の量を単純に差し引きして考えることはできない、と考えているわけだが、たとえそれが可能だとしても、それだけで人生の質を表す指標にはならないというように語りはじめる。というのは、人生の質には色々な要素が関係してくるからだ。例えば①順番、②強度、③人生の長さ、④閾値である。

①順番についてだが、こういうことだ。前半でまとめて快楽を味わってしまい、後半は苦痛ばかり、という人生はあまり良い人生であるとは思われない。他方、前半まったく良いことがないが、後半は快楽でいっぱいであれば、同じ快苦の量でも後者のほうが望ましいと思われるのではないか。

②強度についてはこうだ。異常に強烈な快楽がわずかにあるだけで、あとは苦痛続き、という人生はあまり良くはない。ある程度バランスがとれており、ほどほどの快苦がほどほどに生じるほう

が良い人生だと思われる。また、弱い快楽が人生全体にまんべんなく均一に起こる場合より、ある程度強い快楽を享受できるほうが好まれるということもあるだろう。

③人生の長さに関しては、ただ長ければ良いというわけではないのは理解できるだろう。また、快苦の総量が同じなら長いほうが良いだろうか。例えば、長期間まったく良いことが起こらないなら、ものすごく悪いことが起こらなくても、それは「倦怠」とか「アンニュイ」とか言われる害悪をこうむっていることになってしまうだろう。他方、コンスタントにある程度の快楽を味わるなら、長く生きたほうが良いということにもなるかもしれない。

④閾値だが、この存在は大きい。閾値とは聞きなれないかもしれないが、「しきいち」または「いきち」と読み、境目となる値のことをいう。それ以上はどうしてもカバーできなくなるラインと言っても良い。ブラックジャックの21のようなものだ。それを超えてしまうとどうしたって負けなのである。人生において、あまりに強すぎる苦痛を味わうことになる場合、どんなに多くの快楽が得られたとしても、耐え難い人生であると思われることもある。他の快楽によって耐え難くはない苦痛の大きさの限界が閾値である。ベネターはドナルド・コワート氏という実在した人物を例に出す。コワート氏は、一九七三年、二五歳の時に、調子が悪かった車のエンジンが原因で漏れていたガスに引火し、全身が火に包まれ大やけどを負ってしまった。救急車で搬送され当時の最新の治療を受けたが、その治療は大変な苦痛を伴うものだった。コワート氏は何度も治療の拒否を申し出たが、それは決して受け入れられなかった。コワート氏はその事故で、両手の指のほぼすべてと、

両目、鼻、唇、耳などを失いつつも、また退院後は、鬱や睡眠障碍に苦しんで自殺未遂もしたが、最終的には弁護士となって活躍した。結婚もして、自他ともに認める幸せな人生を送った。コワート氏は、多くの講演を行ったが、それは、患者の治療拒否権を擁護してのものだった。治療を我慢して受け入れれば幸せな人生を送れるとしても、治療を強制されるのは間違いだと言い続けていたのである。ただ、コワート氏は、死ぬ権利を主張していたわけではない。個人の自己決定権を問題にしているのだ。これは所謂インフォームド・コンセントに関わっており、生命倫理学の分野で有名な事例である。説明を受けて納得したうえで治療に同意しなくても良いのである。治療を拒絶する権利もなくてはならないという話だ。ここに人生の質における閾値の話がどのように関わるのかというと、コワート氏は自分の治療の中止が認められるべきだったと死ぬまで言い続けたからだ。今後どんなに良い人生が待っていようとも、受けたくない、受けなくても良いはずの苦痛は存在するのである。ちなみにコワート氏は、二〇一九年四月にカリフォルニア州の自宅で七一歳で亡くなっている。死因は白血病と肝臓がんの合併症だったという。

以上、四つの要素を考えただけでも、快苦を数値化して、単純に計算するだけでは、人生の価値について評価を下すことはできないことが分かるだろう。全員とまでいかなくとも、ほとんどの人が納得のいくような計算方法を確立することができるだろうか。私にはできるようには思えない。

また、心や感情による主観的な判断を根拠に人生の価値を決めることもできない、とベネターは言う。大抵の場合、自分の人生が悪いなんて受け入れがたいから、多くの人はそれを否定したい気持ちにかられるだろう。そこで出てくるのがやはり、「本人が満足しているならそれで良いのだ」という考え方だ。「最終的にその人自身が幸せだったと思えれば良い」は通用しないと先に述べたが、確かに、「続けるに値する人生」である証拠としてはそれで十分かもしれない。しかし、「始めるに値する人生」かどうかを考えるときに、この人生への自己評価というものを根拠にすることはふさわしくないのである。

ここで、人生の質に関する自己評価が信用できないことを示すためにベネターは、私たちに働いているとされるある心理的バイアスを紹介する。それが「ポリアンナ効果」である。ポリアンナ効果は、人間にありがちな楽観主義的なバイアスの一つで、一九六四年にアメリカの心理学者チャールズ・オズグッドが提唱したもので、二〇世紀初頭に活躍したアメリカの小説家エレナ・ポーターの小説『少女ポリアンナ』に由来している。ポリアンナは主人公の少女の名で、日本語ではパレアナとも表記される。『少女ポリアンナ』は大ヒット作で、ディズニーで実写映画になったり、日本でもアニメになったりしている。

主人公の少女ポリアンナは、「良かった探し」をすることで、つらい状況でもポジティブに明るく過ごす。「怪我をして良かった。そのおかげで人のやさしさを知ることができたから……」というように、だ。誰しも悪い記憶は思い出したくないものだ。これは特にポリアンナに限ったことではなく、多くの人にある心理的傾向らしい。被験者に自分の人生について思い出してもらったところ、良い思い出のほうばかりあげる傾向がみられたという実験もある。つまり、記憶はそれを思い出す時点で、選別が行われており、良かった記憶は思い出しやすく、悪かった記憶は思い出しづらいという。このバイアスのおかげで私たちは、「自分の人生はとても順調に進んでいる」と感じやすくなるわけだ。また、幸福度を尋ねるような調査をすると、圧倒的多数の人が「自分は誰より幸せである」とか「平均より自分は幸福だ」とか答えるという。相対的に評価するなら、実際にそういった結果が出ることはあり得ないだろう。つまり、主観的な判断は、客観的判断とものすごい乖離を生んでしまうので、信用できないということになる。

しかし、この話には、文化や環境の違いじゃないのか、と反論したくなる。しかし、ベネターによれば、程度が違うだけで、「どんな地域であっても楽観主義に向かおうとする傾向はあり、違うのは楽観主義の程度だ」ということらしい。また、経済や教育の格差があっても、職業が違っても、調査によっては、幸福であるための条件として有意な差が認められない場合もあるという。やはりどうしても主観的な判断には色々なバイアスがかかってしまうわけだ。「正常性バイアス」もまさにそのうちの一つだ。それは、なにか満足できない状況になったとき、それに耐えるために生じる適応反応の一種で、この反応が正常に起こると、客観的な状況は全く変わっていなくても、主観的には予想される苦痛が軽減され、「自分が幸福である」とまではいかなくとも、「今回は大丈夫」「自分は大丈夫」などと認識しやすいという認知上のバイアスである。これもまさに楽観主義的なバイアスと言える。先のポリアンナ効果についてはそれがどれほどのエビデンスがあるのか、世界各国どの国の人にも、老若男女誰にでも当てはまるのか、疑問に思ってしまう人は多い。しかし、ポリアンナ効果をどう評価しようとも、そういった話が現にあるというだけで、私たちの人生の質の自己評価は信頼できないと言っても良いのではないだろうか。また、私たちは自分の幸福と他人の幸福とをどうしても潜在的に比較してしまっている。苦痛があっても、もしそれがみんな同じように受けている苦痛であるならば、それがあることは幸福か否かの判断をするときに考慮されないことがあるからだ。結局、人生の質の自己評価とはいえ、その幸福かどうかの判断は相対的になってしまうのである。

また、ベネターは人生の質に関して自己評価ではない三つの影響力のある説をあげ、それら三つともがいかに人生の質について十分に評価できていないかを語る。その三つとは、快楽説・欲求充足説・客観的リスト説である。功利主義が前提にしている快楽説とは別の、人生の質についての快楽説なので注意して欲しい。

人生の質についての快楽説において、人間の精神状態は次の三つに分けられる。

プラス：快楽を感じること、苦痛から解放されること
ニュートラル：苦痛の不在（そもそも苦痛がない状態）
マイナス：痛み、不安、恐怖、倦怠やアンニュイなどの苦痛がある

このうち、マイナスの状況にあることはかなり多いし、また生理現象によるものは避けようがな

い。例えば、空腹、のどの渇き、トイレにいきたくなること、気温や湿度の高低などがそうだ。それに、病気や体調不良も苦痛だし、誰かとの死別による悲しみや孤独だって苦痛だ。問題なのは、そういったマイナスの状態にあっても、日常的に頻繁に生じるものは、慣れによって認識しにくくなっていたり、「みんなそうだから」と見過ごされがちだという先述の心理学的要因によるバイアスがかかることを考慮できない点だ。更に、苦痛からの解放も快楽の一種であるが、それが起こることは、本当は喜ばしいことではないのである。そもそも苦痛はないほうが良いからだ。

次に、欲求充足説においては、私たちの状況は、欲求が充足されているか否かの二つに分類される。欲求が充足していることと、プラスの精神状態にあることは別の話で、その点で快楽説とは違う。実際に欲求が満たされなくても、勘違いだったり、欲求がなにもなかったりして、気分が良い状態になることはある。逆に、欲求は満たされたのに気分はよくないということも起こるだろう。つまり、欲求充足説によって人生の質を判断する大きな問題は、そもそも、満足しているかどうか、プラスの精神状態にあるかどうかではなく、実際に欲求が満たされているかどうかを自分で判断することは難しい点にあるのだ。しかし、もし仮にそれができたとしてもまだまだ問題は残る。欲求が満たされるということは、一度は満たされていない状態になる必要がある点もその一つだ。空腹が満たされるためには、空腹にならないといけないというように、苦痛が必ず伴ってしまう。また、そもそも人の欲求はたいてい満たされない。「五億円欲しい」、そりゃ欲しいだろう。「三六〇連休欲しい」、そりゃ働きたくはない。更に、満たされる欲求の大半は一時的で長くは保てない。「若くありたい」とか「健康でありたい」などが代表的な例だ。そして、少しでも良くあろうと努力し続ける人は、ずっと満足していることはないというのも大きな問題だ。良くあろうとする人は幸福であり続けることがないのである。ちなみにショーペンハウアーは「ずっと不満足でいることは避けられない」という趣旨のことを書いているとベネターは言っており、ショーペンハウアーのこういった言説を、ベネターは「幸福とは、苦しみが一時的になくなること」であり「満足とは欲求のつかのまの充足である」と解釈している。

欲求充足説への以上のような反論には、「欲求が満たされる過程も評価すべきだ」とか、「欲求が充足している間だけでなく、欲求を満たそうと努力している間にも価値がある。だから充足していない間だってプラスだ」といったような再反論も想定できる。充足が満たされる過程の多くは所謂「努力」ということになるだろう。そういう再反論がなされるということは、私たちは「努力したい」という欲求も持っているのかもしれないし、単純に努力していることによって感じられる快楽が増えるのかもしれない。確かにそれは想定し得るが、すべての人間や事例に当てはまるわけではないだろう。同じ人間においても、努力したい時もあればしたくない時もある。基本的には努力したくない人も一定数いる。あるいは、「結果のためにしぶしぶ努力はするが、しなくても同じ結果が得られるならしたくない人」は少なくないのではなかろうか。全ての作家が創作過程に喜びを見出しているとは限らないし、完成だけに喜びを感じる人がいても不思議はない。または、治る保障のない闘病などは、結果的に快楽が得られる可能性があるにしても、その過程があったほうが良いとは思えない。また、あらゆる苦痛に対する努力のようなものが快楽を強めるわけではない。そういった苦痛があるからこそ強く感じられる快楽も多いことは間違いないが、人生において、スパイスにならない苦痛はたくさんあるし、そもそも苦痛も快楽もないほうが良い、という場合は多い。また、苦痛の時間は、通常、短ければ短いほうが良いわけだから、「満たされるまでの過程もプラス」とは単純には言えないだろう。過程がプラスだから過程の量は多いほうが良いのかというと、スパイスとしての苦痛だとしても苦痛は苦痛なのでそうはいかないからだ。適度なのが良いとするとその適度とはどのくらいかは全くもって人によるし、不明である。

ちなみに、欲求が常に充足されるためには二つの方法が考えられる。一つは、持っている欲求をなんでも満たしてしまう方法だ。しかし、これは現実的ではないだろう。もう一つは、満たされる欲求だけを持つ方法だ。仏教やストア派のような考え方だ。ここで考えて欲しいのが、それら二つの方法で幸せな人生を送った場合、それらの人生の質は全く違うはずだということだ。できるのであれば、そして強がりを言わなければ、一つめのほうがより望ましいと感じるだろう。しかし、欲求充足説においてはそのことを説明することができない。欲求は充足されているか否かの二つに分類されるだけで、充足される前の欲求の量や大きさは、とりあえずは考慮に入れないからである。

最後に、客観的リスト説についてだ。客観的リスト説とは、客観的に「良い」「悪い」と判断できることをリスト化し、それらがそれぞれどれほどあるかで、人生の価値を判断するという説である。楽しく感じている精神状態や苦痛がない精神状態、あるいはいくつかの欲求が満たされていることなどは「良いものリスト」に入る。しかし、もうお分かりだろう。その時点で、快楽説や欲求充足説と同様の問題が生じるのだ。それに、その客観的リストの「客観的」とは、判断基準が個人で違っておらず共通しておりより主観的ではないという意味での、「客観的」にすぎない。個人個人の欲求ではなく、なるべく多くの人に当てはまるという意味で「客観的」とされているということだ。人間の視点からは離れていない。これをベネターは「人間の相のもとでの判断」と呼んでいる。例えばの話、二四〇歳まで生きなかったから不幸だとは考えないが、四〇歳で死んだことは不幸だと考えることが多いだろう。しかし、九〇歳だとその年齢で死ぬのを不幸だとはあまり考えないのはどうしてだろうか。手に入らない想定が「良いものリスト」には入らないからなのである。だがこれでは、手に入る幸福の中での判断になってしまう。ひょっとすると良い人生なんて手に入れるのが不可能なものかもしれないのにそれを考慮できなくなってしまうのである。勿論、ある個人の人生が他の人生と比べてどれだけ幸福かを考えるときには「客観的リスト」は役に立つだろう。しかし、もともとの人生一般が、生というものが、どのくらい良いものなのかについては何も言えないのだ。ベネターは「人間の相のもとでの判断」ではなく、「永遠の相のもとでの判断」を考えるべきだとする。しかし、それにはまず、そのような宇宙的な視点を誰が語ることができるのかという反論がある。しかし、その反論はその反論者の想像力の欠如を表しているだけだ。確かに認識能力において、人間の限界を超えた感じをはっきりと想像することはできないかもしれない。しかし、子どもや動物との違いから、認識能力の増大がどのようなことなのかは議論することはできるのである。正確にできているかどうかはさておき、「永遠の相のもとでの判断」を考えることはできるのだ。

以上、快楽説・欲求充足説・客観的リスト説を見てきて分かるのが、「人生は実際にどれぐらい良いものなのか」と「人生はどのぐらい良いものだと考えられているか」は区別され得るということが分かる。快楽説においては、主観的な精神状態に応じて人生が判断されるわけだが、間違っていたということもあり得るだろう。ともかく、実際の状態と、それを人間がどう認識するかは別の話だというわけだ。また、「どう考えられるか」は、心理的な作用にものすごく影響を受けてしまう。人生の価値を判断することは難しいが、何気ない日常生活の中ですら、「欲求が満たされない」とか「退屈だ」とか、そういった苦痛で満ちていることは明らかだし、特別大きな不幸に襲われる可能性もおおいにある。こういったことを少しでも冷静に考えるなら、「始める価値のある人生」があるとは言い難い、とベネターは言うのである。

そして、ベネターは、日常的ではないが珍しくはない苦痛の例を以下のように列挙する。(14)

自然災害による死：一五〇〇万人（ここ一〇〇〇年間）

餓死：二万人（毎日）

飢餓や栄養失調で苦しむ人：八億四〇〇〇万人

伝染病による死：一億二〇〇〇万人以上（B.C.五四一〜A.C.一九一二年）

インフルエンザ 死者：五〇〇〇万人（一九一八年の流行時）
HIV 死者：三〇〇万人以上（毎年）
事故死：三五〇万人（毎年）
虐殺：推定一億三三〇〇万人（二〇世紀以前）
　二〇世紀の初めからの八八年間で一億七〇〇〇万人
　内容は、銃殺、撲殺、拷問、刺殺、焼死、餓死、凍死、圧死、過労死、生き埋め、溺死、
　絞殺、爆死など
戦死：三二万人（二〇〇〇年、特に戦争の激化した年ではない）
　一六世紀：一六〇万人
　一七世紀：六一〇万人
　一八世紀：七〇〇万人
　一九世紀：一四九〇万人
　二〇世紀：一億九七〇万人
こどもへの虐待：四〇〇〇万人（毎年）
割礼を受けて苦しむ女性・少女：一億人以上

（14）『新訂版 生まれてこないほうが良かった』九五―九七頁。

それでも子どもを作りますか、という話だ。多くの人は、ポリアンナ効果などの影響もあって、そういった苦痛とこれから生まれてくるわが子を結び付けられない。わが子がまさかそんな目にあうと思っていない。でも、それらを全て回避できる可能性がある人なんてほぼいないし、いたとして、それはものすごいラッキーなことだ。みんながそうなれることはないし、誰しもが、何かしらの苦痛を受けることは確実に決まっているのに子どもを作るわけだ。これらの苦痛を示してベネターは、楽観主義を貫くのなら、「子作りロシアンルーレット」を正当化する責任を負わなければならないという。しかし、それはロシアンルーレットにはなっていない。ロシアンルーレットの肝は弾が出ない可能性がある点である。つまり親になる人々は、めいっぱい弾が込められた銃で、ロシアンルーレットをしているわけだ。勿論その標的は、自分自身の頭ではなく将来生まれてくる自分の子どもの頭だ。存在させられる人にとって、決して存在しないことに勝る真の利益などないという事実を考慮すると、子作りロシアンルーレットという深刻な害悪が生まれる重要な賭けを正当化できる方法を見つけるのは無理だとベネターは語る。

さて、ベネターが延々とあげる世界における苦痛だが、これは悲観的すぎるという話もある。見方を変えてみよう。ロスリングの『FACTFULLNESS――10の思い込みを乗り越え、データを基に世界を正しく見る習慣』という本がある。[15]そこに書かれていることからすると、私たちには恐怖本能があり、それを抑えてリスクを正しく計算しなければならないという。世界の危険を知らせるニュースが昔よりも効果的に配信されているため、冷静に事実を見なければいけないわけだ。ベネターは自然災害による死亡者数をここ一〇〇〇年間で、一五〇〇万人とあげているが、ここ一〇〇年間のデータを見て比べてみよう。一〇〇年前に比べて人口は五〇億人も増えているにもかかわらず、自然災害による死亡者数は二五％にまで減っている。一人当たりの災害による死亡率は一〇〇年前の六％だという。二〇一六年には四〇〇〇万機の旅客機が無事に目的地に到着した。死亡事故が起きたのは一〇機だ。一九三〇年代までは飛行機に乗るのは命がけだったが、空の旅はその頃と比べて二一〇〇倍安全になっている。第二次世界大戦は起きたが、第三次世界大戦はまだ起きる様子がない。ゆっくりと世界は平和になっていっている。過去二〇年の間で極度の貧困にある人の数は半減した。平均寿命は一八〇〇年頃は三〇歳だったのが、七〇歳を超えている。著者であるロスリングは、合法的な奴隷制度、石油流出事故、ソーラーパネルの高額さ、ＨＩＶへの感染、乳幼児の死亡率、戦争や紛争の犠牲者、死刑制度、有鉛ガソリン、飛行機事故の死者数、児童労働、災害による死者数、核兵器、天然痘、大気汚染、オゾン層の破壊、飢餓と、一六もの悪いことが世界から消えつつあるかほぼ消えていると語る。そして、新作長編映画、自然保護区の面積、女性に参政

（15）世界的ベストセラーらしいが、佐藤岳詩氏の「ベネターの反出生主義における「良さ」と「悪さ」について」（『現代思想』二〇一九年一一月号所収）で私はこの本を知り、そのような見方があることを知った。

権が与えられている国の数、新しい音楽、科学の発見、農作物の生産量、識字率、オリンピックに参加する国やチーム、小児がんの生存率、女子教育、絶滅危惧種の保全、電気（が利用できる人の割合、以下同様）、携帯電話、安全な水、インターネット、予防接種と、一六もの良いことがみるみると改善していることを証明している。無理やり一六ずつ並べている感じが否めないが、それは置いておいて、ここでロスリングの言うように冷静に考えてみよう。まず、この本が出版されたのは二〇一八年だ。それから世界には何があっただろうか。勿論それ以降に起きた戦争や感染症だってより昔の状況に比べたらマシかも知れない。しかしそれはマシなだけなのだ。ベネターがあげているデータも、ロスリングがあげているデータも両方、調査に基づく事実だ。お互いがお互いのデータを否定することはないだろう。しかし、この世界に苦痛があるのは事実で、私たちは子どもを作らないことができるのである。世界はマシになっているし、悲観しすぎてつらくなったり、余計な恐怖が引き起こされる事態はないほうが良い。しかし、だからと言ってそれこそ一つでも弾の入っている銃を人に向けて引き金を引いて良いなんてことには絶対にならないのである。

6　子どもを作る権利について

　というわけで、子どもを生むべきではない、とベネターは考えるわけで、この話の流れは妥当でわかりやすい。だが、「存在することはどうしたって害悪である」としても、ストレートに「子どもを作ってはいけない」という禁止につながるわけではない。それは、たとえ何も得がなく、誰かを害す可能性がある行為であっても、「じゃあその行為を禁止しましょう」と単純に決められるわけではないからだ。しかも、この世界には、まるで子どもを作ることが義務であり、当然だと考えている人間がたくさんいる。とはいえ子作りを義務と考えている場合の主張にも幅はある。一人作れば良いだとか、一人っ子はワガママになるなどの根拠のない理由で複数でなければいけないだとか、できるだけたくさんの子どもを持つべきだとか、だ。そして、なぜ子作りをしなければいけないのかというと、神がそう命じたからだとか、社会を維持するためだとか、人間関係を豊かにするためだとか、もう少しうがった見方をして、自身の利他的な倫理観を育てるためだとかが挙げられる。しかし、その当の存在することになる（生まれてくる）子ども本人のためということはあり得ない。あくまで存在している他者のためでしかない。これまでで述べてきたように、存在しなければ何も起こらないのに、存在することでその当人は害悪を受けることになる。だから存在させることが当人のためになることはやはりあり得ない。人生は苦痛に満ちていて、「始める価値」があることはないのだ。また、「それでも生きたいので、自分のことは生んでくれてもＯＫ」という同意をまだ存在しない人から得ることは不可能だ。よって、すでに生まれている人が、「始める価値」について判断を行うことになるが、たいていの人は「自分が存在してしまったこと」についてかなり楽天的にとらえている。

そもそも、なぜ人は子作りをするかというと、ベネターによれば、その理由は二つある。性交への関心か、親になることへの関心からのどちらかである。前者の場合、避妊をすれば妊娠は、かなりの確率で防げるので、この関心を否定することなく子作りをしない選択を求めることは、ある程度可能ではある。後者、親になることへの関心から、つまり子育てをしたいという欲求によって子どもをなす場合、今の社会では、特に男性にとっては、女性のパートナーに生ませるほうが簡単かもしれないが、養子をとることでもこの欲求は満たされるので、必ずしも自分たちが子どもを作る必要はない。また、子どもに親が期待することはいくつも考えられる。生物学的欲求の充足、子どもが自身の「友達」のような存在となること、子どもが「孫」を生み更に子孫を増やすこと、老後の面倒をみてくれること、自分がこの世にいた形跡を残したいという気持ちを満足させることなどだ。ただし、これは「子どもを持ちたい」という気持ちの説明ではあるけども、それが害悪にはならないことを示しているわけでは決してない。とはいえ、子作りによって他者が受ける恩恵は大きい。子作りによって恩恵を受けるのは、両親だけでないのだ。祖父母になりたいと思っている両親の両親たち、集団の継続を願う部族や民族の構成員、あるいは国家の利益ともなるだろう。また、そういった存在に益することで、子どもを作った人々は組織内でステータスを得たり、更なる利益を得ることも多い。更には、次のような例も考えられる。白血病のドナーをわが子のために探している夫婦が、わが子のために、ドナーとして適合する子どもを作るかもしれない。その場合、イチかバチかでもう一人作ってみるという手がある。妊娠初期の時点でドナーになれるか検査して、ダメなら生まないという選択も可能だ。あるいは、クローンを作るかもしれない。しかし、それは許されることなのだろうか。この例は特殊なようにも思えるが、結局人間は、子ども自身のために子どもを生むのは不可能なのである。「子どもを当人以外の利益のための手段としている」ということは、どんな子どもにも当てはまるのだ。しかも、その子どもが生まれてくることによって他者が受けられる恩恵が、その子ども自身が受ける害悪を超えるほどのものであることは稀、いや、たぶん無理だろう。それほど人生は苦痛に満ちているのだから。

とはいえ、「子どもが欲しい」という欲求を抑えることは難しいということはベネターも認めている。しかし、他方で、何か重篤な障碍を持つ可能性の予期や、育てるための資金や環境をはじめとする財が極端に乏しいなど、受け入れがたいほどＱＯＬの低い人生が予期される子どもを中絶する人は少なくはない。そもそも、どんな人生だって悪いのだから、「本人のことを考えて…」という視点があるなら、子どもを作るという判断は妥当ではないのではないかというわけだ。

それでは逆に、子作りをしては絶対にいけない、と言えるのだろうか。「子作りをしない義務」というものが考え得るかどうか、という話だ。ベネター的には「子作りはしないほうが良い」というのが結論なのだが、実際の制度として考えると難しい部分しかない。となると、何かしらの形で、「子作りの権利」を認めなくてはいけないということになるのだろうか。子作りをしない義務があるなら、子作りの権利は認められないが、それは個人の権利を侵害していることになってしまうかもしれない。なので、ベネターは、子作りに関する権利はなんにせよ「消極的」なものであるとする。子どもを持つことあるいは持たないことを「邪魔されない」という意味で私たちは権利を持ち得るというのだ。

勿論、ベネターは、子どもを持たない道徳的義務があると考えてはいるが、この議論を考えるときには法的権利というものも考慮する必要がある。法的権利というのは、道徳的義務とは違う。むしろ、一般常識的に愚かだったり悪かったりするように見えることをする人の存在を守るのが法である場合もあるわけだ。他方、殺人や窃盗や暗殺のような、明らかに他者を害することを許すわけにはいかない。しかし、そもそも、「子どもを持つ」ということが権利として認められるべきだと考える時点で、その人はどこかで「子どもを持つことは良いことだ」と思ってしまっているのではないだろうか。だとすると、そう思うことまで否定しなければならないのか。確かに、他人に害をなし得る行為について、法律で積極的な権利を認めることはあり得ないが、ある人の自律性を保つために、愚行権というものは考えられ得る。他者への危害を引き起こさない限り、他の人からどんなに愚かなことだと思われても止めることは正当ではあり得ないということだ。しかし、「存在することは常に害悪」と考えている人は、子作りはまさに他者（ここでは可能的存在としての他者である）への危害を引き起こすと考え、そんな権利があり得るとは思えないだろう。そうした子作りの法的権利を認めることは、「子どもを持つことは良いことだ」という考えに与していることになるのである。

しかし、「存在してしまうことは常に害悪だ」ということを法律に反映させるなら、政府に可能な対応は二つある。権利はないまま子作りは黙認するか、積極的に子作りを禁止するかだ。しかし、前者は意味がない。子作りの抑止力には全くならないからだ。しかし、もし「禁止」されたらと考えるとそれはそれで恐ろしいことになる。禁止されても、おそらく、人は子どもを作るだろう。そして、政府は中絶を強制しないといけなくなるだろう。となると、隠れて妊娠・出産に臨んで健康を害したり、命を落とす女性が頻出するだろう。もしかすると、禁止までしてしまうような政府は、飲み水や大気に避妊薬を仕込んだりと秘密裏に避妊を進めるかもしれない。しかし、秘密にというのは確実に人権侵害になってしまう。それはさすがにディストピアなＳＦ的な世界観すぎるし、実際の国家がそこまでしようと考えるとは思えない。

勿論、法律は絶対の正義とは限らないし、ベネターの主張が絶対に正しいとも限らないので、子作りについての問題には依然として多く議論の余地が残されている。ただ気を付けなければならないのは、法律を作ることと、完全な善悪を結論することは違うということだ。たとえ奴隷制の是非についていまだに議論の余地が一万歩譲ってあるとしても、人権を侵害する危険が著しく高いことは分かっているので、今はもう奴隷制は認められない。そしてまた、子作りだって、他者に甚大な害悪を与えるという意味では、同じように危険だと言えるのである。とはいえ、子作りを禁止することにはリスクも伴うので、簡単には決断できないし、リベラルで、権利の保護を重視する社会であればあるほど、子作りの禁止を定めるのには慎重になるだろう。ただ、それでもベネターは子作りを禁止したほうがより適切だと考えている。今のところ、消極的に法的な権利は残さざるをえないが、やはり道徳的には子どもを作ることは悪いことなのである。

とすると、つまり道徳的には、ある意味、子どもを作る権利はないのだとすると、子どもを作った人はみんな悪い人なのだろうか。ベネターの議論に則って厳密に言えば、そうだ。そして、あまりにQOLが低い状態で生きることを余儀なくされた人が「ロングフルライフ訴訟」と呼ばれる訴えを起こすことは現実に起きている。ロングフルライフとは直訳すると「不当な人生」「不法な人生」だが、「望まずに生まれた命」というように訳したほうがわかりやすいだろう。「なぜ私を産んだ！」と、その生まれた当人が生んだ親を訴えたり、先天的な重篤な障碍を持った子を中絶をせずに生んでしまった親が、適切な情報を提示しなかったと医療担当者に対して訴えを起こすことが実際にあるのだ。このロングフルライフ訴訟を認めることは障碍者差別になるという主張もある。すでに生まれている他の障碍者を否定する意見だから、というのがその理由だ。しかし、ベネターに則って考えれば、差別になることはない。すべての人間どころか、すべての意識のある存在の命が「始める価値のない」ものであり、なおかつそれは「続ける価値がない」かどうかとはまた別の話だからである。

「障碍は社会に作られたもの」という考え方がある。昨今では「障碍の社会モデル」と言われる考え方で、ベネターはこの考え方を採る。目が見えないとか、耳が聞こえないとか、歩けないとか、そういう障碍は社会の環境によってはじめて「障碍」となり得るという考え方である。この考え方は、反出生主義とは別の話だ。またその考え方自体はおそらく正しい。その正しさは次の例で誰でも分かるだろう。私たちは翼を持っていないので、高層ビルを昇るためには、階段やエレベーター、エスカレーターなどの設備が必要だったりする。所謂「健常者」も、社会におけるそういった様々な補助がないと生きるのがものすごく大変になるわけだ。補助の種類が少しだけ増えれば、そうした身体障碍をもつ人はなんの不自由もなく暮らせるし、障碍者という認識はなくなるだろう。障碍とは、何かができないことではなく、何かするのに大きな困難を抱えているということなのである。通りがかりの、「自分は健常者である」という認識で生きている人が車いすの方を助けて段差を乗り越えらせたとき、車いすの方がその人にお礼を言う必要は全くない。勿論言ったって良いけれども、必要なのは助けた側の「社会がまだ整備できておらず、こちらがたまたま利益を享受して偉そうに歩いていてすみません」という一言だ。一言にしては長すぎるという突っ込みは甘んじて受け入れるが、障碍を持った人がお礼を言う必要はないし、それを求めるのは悪人の度合いが過ぎる。お礼を言われるなど感謝をされて喜ぶのは、実はとても愚かでプリミティブだ。お礼や感謝がなくて気分を害すなど言語道断である。そのような性質に育ってしまったのなら自分の人格を陶冶しなおしたほうが良い。このように、「障碍の社会モデル」の考え方は、障碍者の権利が当たり前のものであるということを明らかにする。障碍のあるなしに関わらず、同じように暮らせる、例えば同じように移動し情報が得られる社会を作るのが当然であるということだ。もっと積極的に、すべての段差にスロープを付け、書籍類は電子化すべきなのだ。紙の本を自由に手に取ってめくれないが、電子化されたものであればアクセス可能な人はたくさんいる。紙の本が好きだと平気で言えるのは健常者の愚かなバイアスがあるからなのである。ともあれ、ベネターはこの「障碍は社会に作られたもの」という考え方を採る。これは主に続ける価値に関する話だ。この社会で生きていくうえで、何らかの障碍によって生きづらいのは社会に差別的な構造があるせいであり、それは当たり前に是正すべきであり、社会の責任なのである。なお、最初から、生命を維持するのにも困難をきたし苦痛を伴うような重度な障碍は、それでも苦痛が軽減され生きていける社会であって欲しいし、理想を言えばそうあるべきだが、「障碍は社会に作られたもの」という考え方に収まりきらないものがあると言う人もいるだろう。最初から「続ける価値」が認められない酷な場合も現実にはあるのではないかという話だ。それがどんな場合かという話にはここでは踏み込まないが、「障碍は社会に作られたもの」という考え方はあくまでも「続ける価値」に関わるとしておこう。[16] また、ロングフルライフ訴訟においては、軽度なら、それ故に「生まれてこないほうが良かった」と言う人は少ないので、除外しなければならないだろう。中程度、というと失礼な語感はあるが、重度と軽度の間の障碍が、出生前診断後に中絶するかしないかで問題になり、ロングフルライフ訴訟に至る場合があるわけだ。

ロングフルライフ訴訟は障碍を持った人が存在するようになることを否定することであり、障碍者の権利という点で反論が起こる。ベネターが言うのは、反出生主義がその反論の内容を、ある意味、独特な形で支持していて、その反論は無効だというものだ。確かにとても独特、というか込み入っている。まず、ロングフルライフ訴訟に反対する人を表出主義者と呼ぶ。表出主義とは、何かをする／しないことは何かを肯定／否定していることを表すのだという主義である。障碍を持った人を存在させるのを回避しようという見解は、障碍を持った人の存在を否定しているという攻撃的な見解になるということだ。その見解は勿論、障碍者の権利を擁護するのとは反対の方向に向かうというわけだろう。この場合、表出主義者は障碍者の権利擁護側であり、その表出主義者に反対するのが、障碍者の権利を認めない側であることになる。ベネターは「障碍を伴う人生は始める価値がない」という点で、その障碍者の権利を認めない側と一緒ではあるが、だからと言って、障碍者

(16) なお、先の非対称性が成り立たなくなる社会、もしくは苦痛が全く無い社会が構築できれば反出生主義自体が成り立たなくなる。

とそうでない人を区別しないので、障碍者の権利擁護側にむしろなると言うのだ。ベネターは「どんな人生にも始める価値がない」と言うからだ。

しかし、ベネターの反出生主義自体が直接、「障碍の社会モデル」や障碍者の権利を擁護するというわけではない。障碍者の権利を認めない側にはならないというくらいだろう。ベネターはそうは言っていないが、このことは、始める価値と続ける価値の違いから話をしたほうが分かりやすいだろう。つまり、この場合の表出主義が間違っているということである。障碍を持った人を存在させるのを回避しようという話は、今生きている障碍を持った人の人生についての話とは別なのである。前者は始める価値の話で、後者は続ける価値の話だからだ。続ける価値をあげて保つために、「障碍の社会モデル」の議論は必要なのである。

また、ベネターはロングフルライフ訴訟について、全体的に適切だとしているけれども、現実的にはかなり疑念を持っている。まず、親には子どもを作る法的権利が存在しているからだ。不法に子どもを生んだ場合は訴訟ができるが、そのような社会にはなっていない。また、ロングフルライフ訴訟で判決を下す側、ロングフルライフ訴訟の当事者とは程遠いだろう裁判官や陪審員のバイアスも問題である。この遠さは他の訴訟よりも一段と深刻なものだと思われる。

話が複雑になったので少しまとめよう。「ロングフルライフ訴訟は人を傷つける」という意見がある。この意見を持つ人たちは、「障碍を持つ人が生まれるべきではない」という主張をすることさえも、現在社会で障碍を持つ人を暮らしづらくさせると考える。そうした考え方は「社会は障碍を持つ人を排除していくべきだ」という差別的なメッセージを含んでいるのだから、それを表明すること自体が差別的な行為なのだ、というわけだ。こうした問題に当事者でない人間が意見を言うことは難しいが、ベネターは、障碍者であっても、そうでない人であっても、結局自分のQOLを基準に判断をしているにすぎないと言う。そして障碍者の方の中にも「自分未満」の人生は「始める価値」がないと思う人もいるだろう。それは、「自分の能力の程度には合わせてほしいけど、自分は人に合わせたくない」という利己的な気持ちに由来すると考えられる。こうした差別の問題というのは、「私たちは良いけど、君たちはダメ」という排他的で偏狭で利己的な判断をすることが問題であり、障碍者であっても、ポリアンナ効果をはじめとする心理的影響を受けながら偏った判断をしているし、利己的でないということもないのである。その点、ベネターの「どんな人生も悪い」という判断は中立的であり、差別的ではないということになる。とすると、誰しもが親を訴えて良いのかという話になるが、とりあえず現状では「子どもを作ることの自由」があるので難しい。

また、現状認められている重篤な障碍者の場合のロングフルライフ訴訟でも、裁判をすれば公正に判断されるかという点でも不安が残る。裁く側もポリアンナ効果などの心理的影響を受けているし、たいていは多数派である障碍のない人が判断することになるからだ。その場合、障碍者のQOLは過剰に悪く評価されがちだろう。また、現状「ロングフルライフ訴訟」は代理で行われることが多く、その場合「ロングフル・バース訴訟」として区別される。誤診によってほとんど生きられないほど深刻な障碍を持った子どもを生んだ親などが、その乳幼児の代わりにそれを「ロングフル」であるとして訴えるわけだ。それがありなのかどうかはベネターは何も言っていない。

では、倫理的な（実の）親というのはあり得るだろうか。子どもを作るということは、何らかの形で生殖行為が行われるわけだが、これについての倫理観には奇妙な特徴がある。それは「性交を行う」という点に重きを置いて価値判断する考え方がまかり通っていることだ。現在は不妊治療として体外受精などの手段が用いられることもあるが、こうした人為的な技術で生じさせられる「人工生殖」をなぜだか非倫理的であるとする人は一定数いる。そのような人工生殖反対派にとって、好ましい子作りの方法は一つだけで、それは、「二人のお互いへの愛情が、性的に表現され、子どもの受胎の直接の原因でなければならない」[17]といったものだ。だから体外受精もダメだし、同じ理由でクローンもダメということになる。また、性交渉を倫理的でないと考える人も多くいるが、その例外として、子作りの手段としてならＯＫという人はその中にいる。むしろ、性行為が倫理的である条件として子作りがあることになる。

他方、ベネターはそもそも、子作りは常に倫理的に悪と考えているので、その原因に性交渉があるかどうかを問わない。また不妊治療もあまり好ましいことではなく、少なくとも不妊治療が奨励されることは認められない。よって、ベネターが性交渉を倫理的、もしくは道徳的に容認されると判断するとき、それはまったく逆の条件が求められる。それは子作りにつながらないこと、避妊の徹底がなされていることだ。ちなみに、これはカトリックの考え方とは全く逆で、極めて厳格なカトリック教徒は、中絶は勿論、避妊すら許されないと考えている。生まれてくる可能性を潰すことだからだということになる。ベネターの立場から考えれば、それは最悪の伝統だ。また、性交そのものを禁止すれば子どもはできないわけだが、ベネターは、信頼できる避妊法を使えば良いとする。子作りにつながらないなら、性行為をすることとそのものには倫理的問題はないわけだ。そしてまた、もし万が一避妊に失敗する可能性があるとしても、そこまでの責任をとがめるべきでなく、中絶することができると語る。こういった記述は語らなければいけない男性と女性の非対称性について語っていないという仕方を含めて、極めて差別的で非倫理的だと私は思う。このことはのちに述べよう。

ともあれ、「存在することがどうしたって害悪だ」という主張が全面的に信用できないにしても、それを論駁できない以上、子どもを生むべきではないということは言えるだろう。そのために避妊を行うことは倫理的であり、故意や怠惰さのために妊娠することは倫理的ではあり得ないのである。

(17)『新訂版 生まれてこないほうが良かった』一三〇頁。

7　妊娠中絶賛成派

というわけで、ベネターは中絶することはむしろ倫理的であるとさえ考えている。ベネターは、胎児を道徳的対象かどうか判断する基準は「快苦を認識できる意識があるかどうか」であるとし、妊娠後期にいたるまでは意識がなさそうなので、中絶しても問題はないどころかするほうが良く、場合によっては妊娠後期以降でも中絶するほうが倫理的なこともあるとする。(18) 快苦を感じるか、それを認識できるかどうかには、大きく分けて四つの段階があるという。それは、あるものが自分に

(18) 妊娠後期以降の中絶は、それが後期になればなるほど母体へのリスクは高まると考えられるが、そのことに全く触れずこのようにサラッと言えてしまうあたり、まさに『生まれてこないほうが良かった』におけるベネターの論のある特徴が明らかになっている。詳しくは、第Ⅲ部の「1 『生まれてこないほうが良かった』がミソジニーである理由」で述べる。

対してどういった影響（利害関係）を及ぼすかを判断する能力で、個人や種別によってどの段階にあるかは変わってくる。その段階を四種類の利害〔interest〕と呼ぶ。

機能的利害：物にもあり、本来持っている機能を保つのに役立つ影響は良く、機能を壊す影響は悪い。

生物的利害：植物にもあり、「機能」のなかに、「生きている」という状態も含まれる。この段階では生き続けるのに役立つか否かも判断材料になる。

意識的利害：動物にもあり、何かを感じることができることで、その存在は利害を受ける。例えば、人が無意識に痛みを避けるのは意識的利害を持つからである。

反省的利害：主に人間がもつもの。複雑な事象について考え、利害を判断できる存在は反省的利害をもつとされる。自分の利害に関心を持てる、という意味で反省的とされている。

これらは段階的であり、前段階の利害はそれより高次の段階にも含まれている。この分析には異論もあるし、これだけだと、これらの段階のうち、どこからが道徳的対象となるのかもまだ分からない。ただ、ベネターが言うには、その判断は「直観」によるしかないし、何らかの仮説なくしてこうした問題について考えることは困難だという。とりあえず、ベネターは意識的利害の段階から、道徳的対象かどうか判断することにしているわけだ。胎児が生物であることは確実だが、しかし、考える力は持っていない。また、知覚を認識できる意識が生まれるのは妊娠後期である可能性が高い。故に、妊娠初期~中期の胎児に関しては、道徳的対象ではないとなる。それは私たちが植物に対して、優しくも残忍にもなれないのと同じことなのだ、とベネターは言う。他方で、意識のある動物に苦痛を与えることは非倫理的であると言える。それでは具体的に、いつから意識が生まれるのかについては、ベネターは科学的なデータを根拠とする。まず、意識があるためには、脳が睡眠状態になく、覚醒している必要がある。胎児の脳は未発達なので、覚醒していれば意識があるとは限らないが、睡眠状態にありながら意識があることはない。ただし、植物状態の患者の例など、覚醒状態でも意識がない場合はある。そこで使用するのが、脳波検査（EEG）である。脳神経細胞の微弱な自発的電位変動を調べる検査だが、これで間接的な形跡は探れるとベネターはする。実際のところ、「意識のハードプロブレム」などの哲学的な問題を語ってもここでは仕方がない。このような形でしかこの問題を考え、妥当だと思われる指針を示すことはできないだろう。脳波検査（EEG）からは、覚醒の第一段階は、妊娠三〇週目になってはじめて見られ、二〇週ごろではそういった様子は示されない。しかし、脳波検査（EEG）で示されるパターンは大人のものとはだいぶ異なる。出産後は、特に最初の数か月は顕著に急速に、大人のパターンに近づいていき、青年期まで変化は続く。妊娠二〇~三〇週目で変化があるというだけで、意識があるようになったかは分からないのだ。

なので、ベネターはもう一つ別のデータも示す。それは早産した新生児がいつから不快さを認識できるか、という調査によるデータである。新生児にとって、かかとを消毒するときの刺激は不快ではないが、かかとから採血をする際の刺激は不快となるらしい。それらの刺激を受けた際の反応の違いを見る実験をしたわけだ。すると、若すぎる新生児は痛みに反応しないことが観察されたという。妊娠二八週を超えた胎児はみな一連の顔の動きで不快感を示した。例えば、顔をしかめるとか、口が開くとか、成人にもみられるような反応だ。他方、妊娠二五〜二七週の新生児はほとんど反応が見られなかった。こうした様子を見ると、妊娠二八週〜三〇週の胎児には意識があるように推測できるだろう。

というわけで、あくまでも推測に過ぎないが、以上のことから、妊娠二八〜三〇週未満の胎児を中絶することは倫理的だと判断できることになる。また、それ以降の意識ある胎児についても、痛みを感じない方法で殺すことは間違いではない可能性がある。というのも、ぎりぎり意識はあっても、この段階の胎児に「生きたい」「死にたくない」という欲求があるのかは疑問だからだ。従って、著しくQOLの低い人生が予期される場合には、妊娠後期の胎児を殺すことは倫理的であり得る。これは、前述の、トゥーリーと共通する点がある。トゥーリーは胎児に「生き続ける権利」を認めない。それは、胎児にはそうした欲求を抱くための能力があるとは考えにくいからだが、実は、ベネターはこの考え自体には賛同しない。ただし、「人間だからといって常に胎児を道徳的対象として扱う必要はなく、段階的にその尊重されるべき度合いも変わってくる」という点では同意している。

次に、ベネターは、中絶反対派への反論をする。まずは、黄金律を持ち出したヘアだ。ヘアは、「自分がされて嬉しいように他者にも振る舞うべき」とするわけだが、そもそもベネターのように「存在することは常に害悪」「生まれてこないほうが良かった」と考える人間は、そのように振る舞うことが正しくなる。もう一人、マーキスへも反論をする。先にも述べたように、マーキスは殺人が不正になる理由を、剥奪説、欲求説、中止説と三つ考え、中絶は剥奪説にあたり不正な殺人だとするわけだが、ベネターは殺人の不正さは、中止説に基づくと考える。剥奪説は、「殺人は、他者から価値ある未来を奪うことだから、不正である」というもので、これは、胎児が道徳的対象だからということは考えられていない。しかし、マーキスは避妊を禁じてはいない。精子、卵子の段階では価値ある未来を持つ他者という主体にはなり得ないからだ。つまり、生物学的な意味で存在するようになるのと中絶や避妊が道徳的に許されるかという問題をマーキスは同様に考えているわけだが、ベネターはそれに根拠がないと考えている。また、当たり前かもしれないが、これまでベネターが論証してきたことからすると、どの説をとっても中絶は擁護できるのではないだろうか。剥奪説に関しても、生まれてくることは害悪なのだから、価値ある未来があるとはいえないだろう。「生きたい」という欲求がある人を殺すのは悪いとする「欲求説」に関しては、まだ「生きたい」という欲求はない胎児には関係がないと言えよう。今まで築いてきた価値ある人生を中止させてしまうという点で殺人を悪とする「中止説」に関しても、まだその子の人生は始まっていないのだから当てはまらないのである。

そして、擁護できるどころか、少なくとも、意識のない状態の妊娠初期〜中期の胎児を中絶することは倫理的であると言えるのである。できるだけ苦痛を感じるリスクが低いよう、中絶は早ければ早いほど良く、それを遅らせることは道徳的ではない。更に、妊娠後期になり、すでに意識がある可能性があったとしても、中絶が倫理的である場合もある。むしろ、正当な理由なく、出産するまで子どもを身ごもっていることが非倫理的なのだとベネターは考える。そしてまた、ベネターとしては、「正当な理由」なんて見つけられないと思っているわけだ。

8　段階的絶滅

さて、ベネターの主張から考えれば当然だが、彼は「人類が絶滅することは良いことだ」と考える。苦痛を感じる主体がいなくなることは、好ましいことだからだ。またベネターは、人間だけでなく、苦痛を感じる存在はすべて絶滅したほうが良い、とも言う。少子化が問題となっている日本に住んでいるとあまりピンとこないかもしれないが、全世界的には、人口の増加のほうが問題になっているという現実がある。このペースで人口が増えていくと、食料や燃料といった資源が枯渇し、人々の生活はいっそう苦痛に満ちたものとなることが容易に想像できるわけだ。だから、この人口過剰問題にどう対応すべきか、というテーマは倫理学者たちの関心の対象となる。

「どれほど多くの人間がこの世に存在すべきか?」この問いに対し、ベネターはこう答える。「ゼロだ」と。苦痛を感じる人間が一人でも地上にいるなら、それは人口的には多すぎるのだ。なぜなら存在してしまうことは深刻な害悪だからである。そして、むしろ問題は「絶滅が起こるなら遅いほうが良いか早いほうが良いか」「その過程はどうあるのが良いのか」といったことだとしている。ちなみに、パーフィットの「非同一性問題」は、人口について考える上でも問題になる。非同一性問題が解消されなければ、「私たちが未来の人々を慮って行為することは原理的に不可能」ということになってしまうからだ。それを解決し、人口の問題も解決に導くような「理論X」をパーフィットは探究するが、いまのところ、その理論Xは見つかっていない。

ここで、非同一性問題についておさらいしておこう。非同一性問題とは、「少しでも条件が違ったら全く同一の人間は生まれないため、「その人自身」という人格の同一性を重視するなら、未来の世代は過去の世代の行動を非難することはできない」という問題であった。そうでなかったら「その人自身」という存在が生み出されることはなかったのだから、存在するようになることを否定するのでもなければ、非難できないのだ。かといって、未来への責任はないのかというと、それはそれで認めがたい。ということで、パーフィットは「人格の同一性を重視しない考え方を採ればOK」としたわけだ。それが「非人格性の倫理」だ。しかし、その非人格性の倫理でも人口の問題は解決不可能だとベネターは言う。

非人格的に人生の価値を考えるとき[19]、それには二つの考え方がある。

非人格的総計説：すべての人の人生の価値を足して、多くなるほうが良い状態

非人格的平均説：すべての人の人生の価値を平均して、その平均値が大きくなるほうが良い状態

非人格的総計説を採ると、次のような問題がある。単に「多ければ良い」と考えることになるわけだが、それなら、とにかく人口を増やしていく手法があり得る。つまり、価値がほんの少しでもあるなら、QOLが著しく低くなったとしても、一人でも多く生み出すほうが世界は良くなるわけだ。パーフィットはこれを「いとわしい結論」と名付ける。

他方、非人格的平均説の問題はこうだ。平均値を高めていくためには、少しでもQOLの高い人だけを生み出し、ちょっとでも低い人は生まれさせないほうが良い。となると、「QOLが低いわけではないけれど、ほんのちょっとその平均よりは値が低い人」は生まれないほうが良いということになってしまう。また、人を生むか否かの判断は、これまで地球上に生まれて死んでいったあらゆる人々のQOLの平均値による。[20] よって、その全員、古代エジプト人たちのQOLも、もしかしたらネアンデルタール人たちのQOLまで考慮するべきだということになってしまう。パーフィットはこれを「単純な追加の問題」とし、実際不可能なため、受け入れがたいとした。

(19) 日本語で「人格的」と言ってしまうと、「(動物とは違って) 高貴な、気高い、倫理的だ」といったような意味に捉えられてしまいがちだが、ここで「人格的」「非人格的」という時は決してそのような意味ではないことに注意されたい。第Ⅰ部「3　未来への責任はあるか?」でも出てきたが、ここでの「非人格的」は、まず、「一人を一人として考えそれ以上に考えない」という意味でとってくれれば良いだろう。

(20) とりあえず地球外の人間はいないとしておく。

それらに対してベネターは、「存在してしまうことは常に害悪である」という主張から、不幸の総量や平均値が最も少なく、低くなることを目指すような考え方のほうがふさわしいのではないかと提案する。そもそも、人間がゼロになれば、「(人間の)不幸がゼロ」という状況はあり得るし、こう考えるなら、非人格的総計説も非人格的平均説も問題はなくなる。どっちも絶滅すれば解決するというわけだ。しかし、絶滅以外の仕方での問題解決はできない。「不幸の総計を少なくする」と考えるならば、総計説によって生み出されることになる人の人生は、まったく不幸を含まないものであることが求められてしまう。他方、「不幸の平均値を小さくする」と考えても、平均説においける「単純な追加の問題」は避けられないだろう。しかし、ここまでくるとお分かりの方も多いだろうが、実は、そもそもこの問題は、「生きる価値のある人は生まれさせるべきだ」という暗黙の了解があるから生まれるのである。生まれた後に「続ける価値のある人生」が待っていようと生まれないほうがマシなら、これは問題にはならないのだ。

というわけで、ベネターの「存在してしまうことは常に害悪である」という主張は、「いとわしい結論」も「単純な追加の問題」もクリアしているため、理論Xに近い。しかし、これだとこれ以上人を増やすべきではないということが言えているだけである。パーフィットは、理論Xを、様々な人口問題を十分にうまく扱えるような道徳性に関する一般的な理論であると考えているので、ベネターの反出生主義は、厳密には、理論Xとは言えないのである。ただし、現状これ以上、理論Xに近い理論はないように思われる。またベネターは、パーフィットが棄却している契約主義という考え方にも目を向けて考えている。

ベネターは契約主義のなかでも、理想的契約主義のみを扱うが、これはジョン・ロールズの正義論で語られていることで有名だ。ロールズの正義論とはごく簡単に説明すると、次のようなものだ。ロールズは「もしこれから生まれてくる人が、自分の生まれてくる社会のルールを選んで契約して生まれてくるとしたら、どんなルールを選ぶか?」と考えてみる。そのとき、「原初状態」というものを仮定する。原初状態とは、社会のルールを選ぶ人がこれから生まれる社会の中で自分がどんな環境に置かれるか全く知らない生まれる前の状態である。これをロールズは「無知のヴェール」と表現する。そこで人々が契約をするという仮定をロールズはする。もしかしたら大富豪の子どもかもしれないし、もしかしたら紛争地帯の貧困層の家に生まれるかもしれないわけだ。その場合人は「ハイリスク・ハイリターンな社会」と「ローリスク・ローリターンな社会」、どっちを選ぶかというと、後者を選ぶ人のほうが多いはずだと、インテリで白人のマジョリティの男性らしく、ロールズはそう考えたわけだ。だから、「生まれた時の条件が最も悪くても救済措置がある社会」が一番正義にかなっていると考えた。あくまでも仮定、思考実験的な話であって、ロールズは「原初状態」にある生まれる前の人々が契約してこの社会ができたのだと言っているわけではない。そういう架空の人を考えて、架空の人がどういう選択をするか、という思考実験を通して、この社会にあるべき正義の姿を探究したわけだ(21)。

そしてここがパーフィットの主張と大きく違う部分ではないだろうか。パーフィットは、私たちがまったく架空の存在にとっての利害について考えることを不可能だと判断した。けれど、本当にそうだろうか。原初状態の人たちは生まれてくることを選ぶかどうかは考え得るのではないだろうか。ベネターはこのロールズの意見を味方につけて、まったく架空の存在にとっての利害について考えることは可能だと主張し、ロールズが話を進めなかった方向に話を進める。原初状態の人は、そもそも社会なんて作り出さず、生まれてこないことを選ぶだろうと考えたのだ。というのも、生まれてくることと、生まれないことを比較すると、生まれるほうがものすごくリスクが大きいからだ。生じない社会が一番、「ローリスク・ローリターンな社会」なのである。生まれてこなければ害悪を被るリスクはゼロで断然安全なのである。なお、原初状態の人が「ローリスク・ローリターン」を選ぶというのは丁寧に言えば、害悪を被るリスクが最小となる可能性が最大になるよう選ぶということである。最もまずいことになった場合に手に入る利益が最大になるものを選ぶということだ。全部で一八〇〇の利益がありこれを一二人で分けるとき、六人が二〇〇を得て残りの六人が一〇〇ずつ得られるのと、同じく一八〇〇の利益があり八人が二〇〇を得て残り四人が五〇ずつ得られる場合とを比べると、後者のほうが、人より多くとれる人間になれる可能性は高いが、マキシミン原理に従うと前者を選ぶことになる。みんな均等に一五〇ずつ選べるなら勿論それを選ぶわけだ。この場合、一番良いのはみんなが一五〇を得る平等な選択だ。

更に、マキシミン原理は全部の利益の量が異なるときにも作用する。全部で一二〇〇〇の利益がありこれを一二人で分けるとき、一二人のうちの一〇人が一一九八を得て、残りの二人が一〇しか得られない場合と、全部で二四〇〇の利益があり四人が三〇〇を得て、残りの八人が一五〇を得る場合とを比べる場合も、後者を選ぶのがマキシミン原理による判断ということになる。人数を変えても良い。一八〇〇の利益があり、二人いて一人が一七九九を得てもう一人が一しか得られない場合と、六人いて三〇〇ずつ分ける場合は後者のほうが合理的だ。

そして、これが利益でなく害悪ならばマキシミン原理による判断はどうなるだろうか。全部で一八〇〇の害悪がありこれを一二人で被らなければならないとき、六人が二〇〇を被って残りの六人が一〇〇ずつ被るのと、同じく一八〇〇の害悪があり八人が二〇〇を被って残り四人が五〇ずつ被る場合とを比べると、最悪の二〇〇を被る可能性が少ない前者を選ぶことになるだろうが、ここで低いほうの数を合わせて考えるとこうなる。六人が二〇〇を被って残りの六人が一〇〇ずつ被るのと、同じく一八〇〇の害悪があり八人が一七五を被って残り四人が一〇〇ずつ被る場合とを比べると二〇〇を被ることのない後者を選ぶことになる。また、これは有名なオメラスを想起する。一人が一七八九の害悪を被り、残りの一一人が一の害悪で済んでいるとしたらどうだろうか……。実

(21) まあ、その架空の人たちがみんな、それを言っている人と同じように、育ちが良いインテリで白人のマジョリティの男性っぽくないかという至極真っ当な批判はあるが、ロールズは「原爆投下はなぜ不正なのか？」という論考も発表していて、日本でトロッコ問題を平気で語り、原爆投下の正当性やアメリカの謝罪の是非について明確な見解を示さなかったサンデルとは一線を画す。なので、批判者の方々には恐縮だが、私としてはサンデルよりはマシだと思っている。

はそのようなマキシミン原理なんて通じない世界で私たちは生きているのだろう[22]。

次に害悪の量が異なるときのマキシミン原理の適用を考えてみよう。全部で一二〇〇〇の害悪がありこれを一二人で被らなければならないとき、一二人のうちの一〇人が一一九八を被って、残りの二人が一〇しか被らない場合と、全部で二四〇〇の害悪があり四人が三〇〇を被り、残りの八人が一五〇を被る場合とを比べる場合、最悪を避けるならば害悪の総量の少ない後者を選ぶことになるが、どんなに害悪の総量が増えても自分が被る害悪が少なければと考えている場合が現実からは想起されるのではないか。もし一二人のうちの二人に権力が集中していれば、一二〇〇〇の害悪のほうが選ばれてしまうだろうということだ。環境を汚染しても自分たちが当面よければ良いと考えている人たちはそれにあてはまるだろう。もっと身近な例だと不法投棄や汚してしまった公共の場所を掃除しようとしない場合もそうだ。やはり現実世界ではマキシミン原理など夢のような話なのかもしれない。

とはいえ、害悪にあてはめてマキシミン原理を考えるとき、目からうろこなのが人数を変えても良い場合だ。ここにも基本的非対称性が表れていると言って良い。人数をゼロにすれば、害悪はゼロなのだ。だとすると、原初状態にある人々は、無知のヴェールはさておき、人口ゼロが最善だと判断するのではないか、というのがベネターの考え方である。これに対して、「非存在者は基本財（生まれてくると得られる良いもの、賢さや健康や権利や自由や所えなど）をもらい損ねるから最悪」とする論者もいるが、ベネター的には、そもそも生まれてくることが悪いのだから、「基本財」が受け取れるにしたって、生まれてくることはあまりにも悪いわけだ。[23] そして「原初状態」の人たちはそのメリットとリスクを比較して検討することが可能なのであれば、生まれてこないほうを選ぶはずだ。というわけで、ベネターは「人口ゼロが最善」という結論をだす。

しかし、実際に人口をゼロにすることは難しい。まず、絶滅は早いほうが良いとしても、すぐにみんな死んだほうが良いということはない。既に生まれている人が死ぬのは、基本的には、多大な苦痛を伴うので、ベネターがそれを推奨することはない。ベネターのおすすめは「段階的絶滅」である。段階的絶滅とは子孫を増やさないことで絶滅に至ることである。これには、以下の三つのケースが考えられる。

1. 政策などによって子作りを抑制するケース
2. 人工的に引き起こされた人口減少[24]をきっかけに人口が維持できなくなり段階的絶滅に陥る

---

(22) もしくはそうなっている以上は現状を変えるつもりはないということか。ル・グィンはオメラスを立ち去る人々がいることを描くわけだが、立ち去るだけじゃ駄目だろう。いったん離れて、ということなのかもしれないが、地下の少年を救う努力をどうにかしてでもしなければならないのではないか。
(23) そもそも皆が平等にそれを受け取れる世界ではない。
(24) 戦争や感染症対策の失敗、経済政策の失敗などが挙げられる。また現代日本では女性差別もそれにあたるだろう。少子化の主たる原因と言えるからだ。そしてそれも人工的なものである。

ケース

3．両方に当てはまるケース

しかしいずれにせよ、段階的絶滅にもある程度、ひょっとしたらかなりの苦痛が伴ってしまう。段階的絶滅が引き起こす苦痛、それは極端な人口減少によるＱＯＬの低下だ。その原因の主たるものは、若者と老人の比率の偏りだ。少子高齢化の日本にいる私たちにとっては、想像しやすいだろう。残される若い世代ほど、大きな苦痛を受ける。最後に残される世代は最悪だ。またそういった人々にとっては、人口が減ることによって交友関係が極端に狭くなることも苦痛になるだろう。友達を作ろうにも人間の数自体が少ないと、気の合う人を探すのも大変なわけだ。孤独は苦痛だ。税金を払わなくてよくても、食べ物に困らなくても、それでも苦痛を感じるのが孤独である。インフラその他は残すリソースによって工夫できるかもしれないが、孤独をどうにかするのは難しいだろう。しかし、だからといってベネターは「人口ゼロが最善」説を取り下げることはない。既に生まれている人が苦痛を受けることになるからといって、それを避けるために新たな苦痛を受ける存在を生まれさせることが許されるとは限らないからだ。

ベネターはこれについて、以下の二つの問いを立て、それを解決できる理論を探す。

1．そもそも私たちは、現存の人々のＱＯＬを良くするために新たな生命を作っても良いのか？

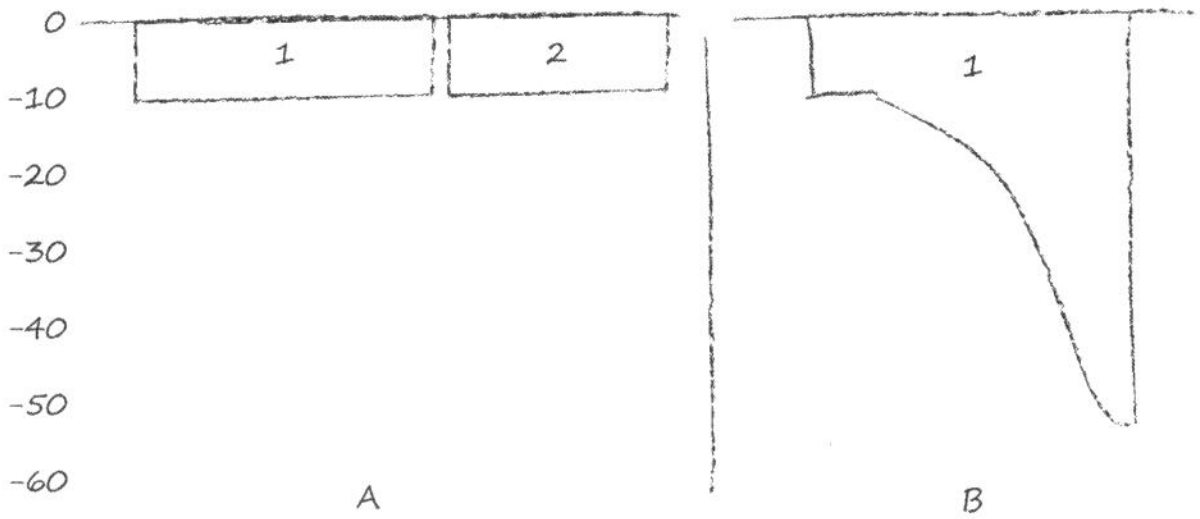

2. もしそうだとすれば、どんな条件があれば私たちはそうすることが許されるのか?

これら二つの問いを考えるにあたってベネターは上のようなグラフを提示する。[25] 縦軸が苦痛の総量、横の幅が人口と時間的推移を表現し、Aがすぐには絶滅しない場合、Bがすぐに子どもを作るのをやめていった場合を示している。Aは、人口の補充率が七五パーセントくらいで子どもが作り続けられた場合だ。Aの1にいる人間はBの1にいる人間と同じ人々で、2にはBにはそもそも存在していない次の世代の人々がいる。そして、Aでは、2が最後の世代ではないことも想定してほしい。Aでは、3、4と苦しみは続いていくのだ。いずれ最後が訪れるとすると、その最後の世代は、Bの1と同じような感じになる。ともあれ、単純化して1と2の世代を考えてみよう。

そして、ベネターの検討する考え方は、以下の四つである。

・狭い人格影響説
・ネガティブな広い総計的人格影響説

・ネガティブな広い平均的人格影響説
・権利論／義務論的な説

それぞれ見ていこう。

「狭い人格影響説」の「狭い」とは、非存在を比較可能な対象と考えないということだ。対象が狭いという意味である。「人格影響説」は、行為を「それが人々にどのような影響を与えるのか？」という観点から道徳的に評価する立場と理解してもらいたい。私たちがある結果Xを「悪い」と判断できる場合とは、例えば「状況YではなくXが起きることが、ある集団にとって悪い」⇒「Xは悪い」というような場合である。

人格影響説

これはパーフィットの提案した非人格性の倫理を使わなくても良い説となる。つまり、ふつうに、人格的に考えて良いということだ。その人はその人なのである。個別に考えて良い。そして重要なのが、少し繰り返しになるが、反出生主義的な見解を用いれば、人格的に考えても〈非同一性問題〉は起きないということだ。そもそも生まれてしまったことを良しとしないのだから、（少しだけ品のない表現になるが分かりやすく言えば）生みやがった前の世代への文句は正当に言える。とはいえ、それでも続ける価値はでてきてしまっているのだから、続ける価値がより高くなる、もしくはよりマシな世界を残さなかった前の世代に文句は言い放題なのである。その人はその人であるというように人格の個別性を認めたうえで考えても、その自分として存在できて嬉しいことなんてないのだから。「続ける価値のある人生」であっても、私たちの人生は様々な害悪で満ちている。それは何かと比べなくたって「悪い」と言える。そういったことを考えると、前の世代の人たちは少し自分がワガママを捨てて将来の人たちのことを考えることもできただろう。そして私たちはこれからそうしたほうが良い。資源などを持続可能なものにしていくというのはそういう考えであり、「持続可能な目標（SDGs）」は正義でしかない。勿論、生まないほうが良いわけだから、人類自体は持続しないほうが良いのだけれども。

しかし、狭い人格影響説では、先の二つの問いに答えを与えることはできない。端的に、さっきのグラフにおいて「1の集団にとってはパターンBのほうが悪い」とか「2の集団にとってはAの方が悪い」というところまでしか判断ができない。狭い人格影響説ではこれらを比べることができないからだ。

(25) この図だけを見ると、Aの苦痛のほうが少ないようにも見えるが、Aは2以降も続いていくということも考慮に入れて欲しい。また、それを考えてもAのほうが苦痛の総量が少ない場合がひょっとするとあるかもしれないが、Aでは新たに作った他者を苦しませることになるため、反出生主義的にはBのほうがより一層理想的だということになる。権利論／義務論的な説からそう言える。

次に、広い人格影響説はというと、比較可能な対象を非存在まで広げて考える説である。つまり、架空の存在であっても、価値判断の際に比較対象として考慮することが可能とするわけだ。私たちがある結果Xを「悪い」と判断できる場合とは、「集団Xが状況Xになることと、集団Yが状況Yになることを比べると、Xのほうがよくない」⇒「Xが悪い」というような場合である。

広い人格影響説

この広い人格影響説は、「広い総計的人格影響説」と「広い平均的人格影響説」とに分けられる。通常、「総計的」に良い悪いを考える場合、純利益の総計が少ないほうが悪いと考え、「平均的」に良い悪いを考える場合、一人当たりの純利益の平均が低いほうが悪いと考えるだろう。この純利益は、net benefitで、「純便益」「正味の利益」と訳されることが多い。企業では本業の経常利益から、例外的だったり、臨時のものだったりする収益や損失、あと税金を足したり引いたりした後の利益ということになる。人生という企業のそういった利益だと思って頂きたい。ここでは、何かを達成できたり、幸福に思ったとしても、それに付随する害悪や不幸もちゃんと差し引いてね、という話になる。

しかし、ベネターはここではその純利益を使っては考えない。「ネガティブな」とついているように、「利益が少ない＝悪」ではなく、「害悪が多い＝悪」と考えるのである。「ネガティブな広い総計的人格影響説」では、「ある結果Xが悪い」は「集団Xに状況Xが生じることによる純粋な害悪の総計が、集団Yに状況Yが生じることによる純粋な害悪の総計より大きい」ということになり、「ネガティブな広い平均的人格影響説」では、「ある結果Xが悪い」＝「集団Xに状況Xが生じることによって与えられる一人あたりの純粋な害悪の平均が、集団Yに状況Yが生じることによって与えられる一人あたりの純粋な害悪の平均より大きい」ということになる。

ネガティブな広い総計的人格影響説

ネガティブな広い平均的人格影響説

この考え方を先のグラフに適用して考えると、どちらにしても、BはAよりも悪いことになる。というのは、もし2の人間たちが存在させられることで、1の人間たちの苦痛を減らせるならOKということになるからだ。しかし、平均説のほうは、QOLの低い人間が六〇億いるのも一二〇億人いるのも変わらないことになってしまうので、あまり妥当ではないと言える。

というわけで、私たちが採用したくなるのは「ネガティブな広い総計的人格影響説」であり、それに基づいて、ベネターの二つの問いに答えるならこうなる。

1. そもそも私たちは、現存の人々のＱＯＬを良くするために新たな生命を作っても良いのか？
　↓　良い
2. もしそうだとすれば、どんな条件があれば私たちはそうすることが許されるのか？
　↓　人間が被る害悪の総計が最小になる場合

ただし、この説では、害悪の分配については何も言えていないのが問題である。総計的には同じでも、「たいしたことない害悪を受ける人がたくさんいる」のと、「たくさんの害悪を受ける人が少数いる」のでは、全然違うことになる。その場合だと、その程度によるが後者のほうが悪い、と考える人が多いだろう。

ある害悪を引き起こせば総計的に害悪が減るとしても、そもそも、それを新たに引き起こすことが認められない場合もある。これは「権利論／義務論的な説」で考えるということだ。例えば、健康だがドナーになることは望んでいない人の腎臓の片方を、腎臓移植によって病状が劇的に改善する人のために除去してしまうことは、認められない。「権利論／義務論的な説」が厳格になればなるほどそうなる。

以上のことからすれば、反出生主義の立場ではそもそも子作りが悪であるため、反出生主義の立場と一〇〇％合致するのは、「厳格な権利論／義務論的な説」だけである。[26] そもそも子作りが悪ということは、する権利はなく、しない義務があるということだ。次に近いと言えるのが、「ネガティブな総計説」と「あまり厳格でない権利論／義務論的な説」であり、反出生主義的な見解と両立はできなくもない。「あまり厳格でない」とは、害悪の総計の減少がかなりのものであれば、また新たに生み出す害悪がかなり少ないのならば、生み出すことも許されるかもしれないという立場だ。つまり、最小の道徳的犠牲を払って、人類を段階的に絶滅させるための経過措置としてのみ、新たな人間を生み出すことを許すということになる。[27]

しかし、そもそも絶滅は本当に良いことなのだろうか。納得できない人も多いと思うので、改めて考えてみよう。勿論だが、既に生まれている人たちを殺すことで絶滅が引き起こされる場合、それは人を殺すことになるので確実に良くない。しかし、段階的絶滅は生きている人を一人も殺さなくともできる。とはいえ、段階的絶滅は絶滅直前の人たちに大きな苦痛を与えるという問題がある。それでも、おそらく、絶滅はそのうち起こる。太陽は徐々に膨張しながら明るさを増しつつあり、数十億年後には地球を干からびさせる。スタートレックの世界のように、ものすごく発達して地球外の文明が接触してやって来て、ものすごい技術革新が起こって太陽系外の別の住みやすい惑星へと移住できたり、太陽の加齢を止める科学的技術が開発されたり、などの荒唐無稽な話はとりあえず置いておかせてもらう。また、日本だけではなく、世界全体の出生率も下がっていく傾向にある。国連の予想では、世界の人口は、二〇八〇年代半ばには一〇三億人に達し、そこから減っていくという。どれくらい人類が存続したところで、苦痛の総量は増すばかりだ。人口減少時の苦痛を引き受けなければならない人も必ず出てくるわけだ。それなら、早く絶滅してしまったほうが苦痛の総量が減って良いと言える。

また、絶滅そのものが悪いという話も考えてみよう。そう思いたい人は多いだろう。おそらくパーフィットもそうだろう。しかし、合理的、理性的な根拠はないのではなかろうか。「そう思いたい」は根拠にはならない。人類なしの世界が今より悪いと誰が言えるだろうか。それに、ベネターが言うには、「存在者がいない」世界＝「苦痛のない」世界なのだから、人間をはじめとする、苦痛を感じる感覚のある生物の絶滅は悪いことではない。それが本当に本当の「真理」かどうかは断言できなくても、人間の能力で考えられる範囲では今のところ妥当な結論なのではないかという

(26) 当該の図においては、「厳格な権利論／義務論的な説」からすると、Aの苦痛の総量がBよりどれだけ少なくとも、2の世代を害しているという点で認められないことになる。

(27) というわけで、ベネターの反出生主義は義務論的な面がある。かたや、快苦を善悪に当てはめていることや、害を避けるということから、ベネターの反出生主義は功利主義に基づくとか、ネガティブ功利主義（幸福を増やすのではなく、不幸を減らしていこうという立場）だとか言われることがある。このことについてはベネターの発言をそのままあげておこう。「痛みや快楽が、害と利の単なる例として示されたということが分からず、私の議論を快楽主義に基づいた議論だと誤解している人もいる。また、功利主義に基づいた議論だという誤解もよくある。私のする議論は（すべてではないが）そのほとんどが功利主義の構造とマッチするが、功利主義に基づいてはおらず、同様に義務論的な見解ともマッチする」（ベネターの二〇一三年の応答論文「それでも生まれてこないほうが良かった」の注6）

のがベネターの考えなのである。

とはいえ段階的絶滅へと人類は能動的には向かわないだろう。それは人類が愚かだからなのかもしれない。でも少しでも愚かでないようにいようとする人は、段階的絶滅が倫理的な人口政策として本当はより良いのだということを肝に銘じて、少なくとも自分は子どもを作らないようにするべきなのかもしれない。もうすでに作ってしまった場合は、「孫の顔を見たい」などとそんな残酷で非倫理的なことは決して言わないようにしたほうが良い。それを言われて嬉しい人もひょっとしたらごくわずかにいるのかもしれないが、大抵の場合、それは複数の方面への加害なのだ。

9　子どもを持たないことへの偏見とベネターの思い

　とはいえ、子どもを作ってしまう、もしくは作ってしまった人は多い。私たちの両親もそうだ。その人たちは、どうして子どもを作る、作ってしまったのだろうか。何度も言っているように、これから生まれてくるその子どものために子どもを作る親はいない。いずれ死ぬし色々苦痛はあるけれども、生まれてきたらこんな素敵な私たちが親になるなんて幸せ過ぎるから生んであげないとならないなんて本気で思っている人はほとんどいないだろう。

　また、人間は罪深くも、自分たちが子どもを作るだけでなく、家畜を繁殖させたりして、「感覚がある生物」を作り出してしまう。「存在してしまうことが害悪である」ということは人間だけでなく感覚がある生物すべてに言えるということも重要である。しかし、私たち人間は、絶滅危惧種を絶滅しないように保護し繁殖を促したりしてしまう。ある一つの種が絶滅しないように、それとは別の外来種などを、ある地域で根絶させようとしたりもする。それはなぜか。生物の多様性や生態系を守るためという答えがあるだろう。では生態系を守るのは何のためか。自然資源の継続的な利用のためだ。いま「利用」という言葉を使ったが、それはきわめて正確だ。つまりは人間が利用するため、人間のためということなのだ。自然はまぎれもなく、人間のために、守るべきものなのである。自然という言葉も軽々しく使ってしまったかもしれない。ここでは「人間が快適に存続するのに都合の良い環境」と言ったほうが良いだろう。人間も自然の一部である。人間が人工的なものを作るのも自然の中でのことだとすると、核兵器の開発も、核戦争の勃発も、人間という自然の一部が起こしたものであり、大枠で見れば自然現象と解することができるからだ。話を元に戻そう。人間が環境を守るのは自分たち自身のためであるという話であった。だとするとどうだろうか。子どもを作るというのは何のためか。実は、そもそも誰かを存在させる行為は、その人のために行われることはないのである。大抵は性行為によって「できてしまう」のであるが、決断があってその決断により作られた場合でも、それはすでに生まれている者の都合で、すでに存在している人間のために行われているのである。

それでは、それの何が問題なのか、と問いたくなる人は多いだろう。はっきり言うと、子どもを苦しみから遠ざけたい親はたくさんいるにもかかわらず、そもそも子どもを生まないという選択をする親はあまりに少ないというのが問題なのである。生まないのが、その他のどんな予防策より一番クリティカルであるにも関わらずそうなのはおかしな話ではないだろうか。しかも、一人の子を産むことでこの世界に生み出される苦しみはその一人の分だけではない。その一人は、次世代以降の苦しみを作り出す原因となってしまうのだ。それなのになぜ生まれさせるのか。子どもを作ってしまうのか。ありがちな回答をここでは三つ挙げておこう。「それが自然だから」、「社会的にそういう風潮だから」、「国家のため」の三つである。しかしどれを理由にしても子どもを作ることは倫理的に悪であるとベネターは主張しているわけだ。

まず、「それが自然だから」だとしても、その自然に従うことと倫理的であることはすぐにはつながらない。自然に従うことと倫理的であることは違うのである。「である」から「べき」は導かれないというのは、界隈では「ヒュームの法則」として知られている。しかし、ベネターはそのような名称は出さない。ベネターは、生むことを良しとする人は自分の遺伝子を残したがっていて、単に遺伝子を残すことが良い事であり優秀なことだと思っているがそれは偏見だと看破するだけだ。違った道徳的な見解、つまり道徳的には子どもを持つべきではないという見解があり得るからである。「遺伝子を残すことが良い事であり優秀なことだ」ということの理由を「それが自然だから」「そうプログラムされているから」「そういうことになっているから」以上に語れるだろうか。やはりそれは偏見なのである。かたや、道徳的には子どもを持つべきではないということについては、すでにベネターによってしっかり語られた。

次の「社会的にそういう風潮だから」という理由にも、社会的な風潮に従うことと倫理的であることは違うという反論ができるだろう。社会的風潮はどうあれ、それに私たちは抗うことができるし、抗うべき時は多い。そのような社会的風潮の中で、子どもを持たないことへの偏見は実に大きい。子どもを作る能力があるのに子どもを作らない人は、なぜか「未発達である」とか「自分勝手である」とか言われたりし、様々な場面で、子を持つように圧力をかけられる。また、親である人と、親ではない人が、臓器移植の順番待ちをしているときなどにおいて（特定の場面で、その親である人が、幼子の親だったりするとなおさらだが）、親である人のほうを優先すべきだと考えられることがあるだろう。その場面では、子どもを持っている人は子どもを持たない人よりも価値のある人間だと考えられて優先されるということになる。しかし、落ち着いて考えてみると、子どもがいるからその親自体に価値があるというのは、子どもをなにか手段や道具のように扱っていることにはならないだろうか。しかも、そこで子どもがいない人が、その分不利益を被ることになるのは、当然のことと言って良いのだろうか。子どもを作る機能がそもそもないなど、様々な不可抗力で子どもがいないのかもしれないにもかかわらず、だ。社会的にそのような風潮があり、子どもを持たないことへの偏見がいかに大きくとも、それは子どもを作って良い理由にはならない[28]。

最後の、「国家のため」だが、確かに人数がいないと国家は成立しない。何のために国家が維持されなければならないかという問題はわきに置いて、一〇〇歩譲って「国家は維持されなければならない」というのが認められたとしても、おかしなことが一つある。だとしたらなぜ、移民ではいけないのかという話である。移民で良いのだ。存在していなかった人を存在させて、つまり子どもを作ることで、新たに地球上に人を増やすよりも、既に存在している人たちの中でリソースを分け合えば良いという話だ。それなのに、移民を受け入れる政策よりも出生率向上の政策のほうが受け入れやすい、いや、むしろ前者の政策は反対されることが多く、後者の政策はそもそも反対はされにくいのはどういうわけだろうか。違う国に移り住む権利よりも、子どもを作る権利のほうが重要だと考える人がいるのはなぜか。人種差別などの醜悪な偏見があるからなのである。

というわけで、やはり生まれさせることに正当な理由はない。それは偏見もしくは自己利益の追求故の行為なのである。とするると、もうお分かりかもしれないが、ベネターの反出生主義は、「子どもが嫌いだから」とか「子どもを産まないほうが大人にとって得だから」とか、すでに存在している側の都合での話では決してないのである。

しかし、それをいくら言ったところでも、人間は子作りをやめないだろう。身体には百害あって一利無しのお酒も、なかなかやめることができないし、禁ずることも難しいところが多い。加害だと分かっていても、楽しいと感じることはついやってしまうことがある。法で禁じられていなければなおさらだ。そのことはベネターも十分理解しているようで、『生まれてこないほうが良かった』の序論の前のまえがき、その本の冒頭をベネターは次のように始めている。ここは引用しよう。

(28) 生命の救う際の優先順位の問題はもっと興味深いバリエーションを考え得る。その人が死ぬと悲しむ一〇〇人友だちがいる人と、そういった友達は一人もいない人。私は前者を優先すべきなのだと断言したくはないが。また、友人が一〇〇人いる幼子の親と、友人がいない幼子の親だったらどうだろう。ソクラテスは脱獄を拒否して死ぬことを選んだ際、友人のクリトンに子どものことはどうするんだと聞かれるが、友人たちが面倒を見てくれるはずだと言って死んでいったという。

私たちの誰しもが、生まれさせられてしまったことで害悪を被っています。その害悪は無視できるものではなく、たとえどんなに質の高い人生であっても、人生は非常に悪いものなのです。大抵の人がそう認識しているよりも遥かに悪いのです。とはいえ、私たち自身の誕生を防ぐにはもう遅過ぎます。しかし、将来生まれてくる可能性のある人々の誕生を防ぐことはできます。というわけで、新しく人々を生み出すことは道徳的に問題があるのです。この本の中で、私はそのような主張をします。そして、私に対するありがちな反論——憤怒ないしは不信——が不完全である、その理由を明らかにします。

私の擁護する見解への抵抗は強いでしょうから、この本や中身の議論が、現実の子作りに対して何らかの影響を及ぼすことは期待してはいません。多大な害悪を引き起こすにもかかわらず、子作りは今後も阻止はされないでしょう。私は、この本が誕生する人々の数を（かなり）変えてしまうだろうと勘違いして思っているのではなく、私が言うべきことは、それが受け入れられるか受け入れられないかにかかわらず、言う必要があると思い、この本を書いたのです。[29]

ここにはっきりとあるようにベネターのこの本での主張は、「新しく人々を生み出すことは道徳的に問題がある」ということである。「生まれてこなければ良かった」と、今の人生を嘆くというような話ではない。大事なので繰り返しておこう。しかし、ベネターは「子作りは今後も阻止はされない」と言う。それでも言う必要があると思って書いているのである。

どうして言う必要があるのだろうか。ベネターはハッキリと言ってくれてはいないので、それを推測してみよう。おそらくそれは、むしろ言わないでいるのが、不誠実で自分勝手な保身に思われるからではないだろうか。勿論、それは尖った正論を言ってマウントをとったりカッコつけたりすることと、表裏一体かもしれないが、尖っていようが正論は正論である。しかし、それでもやっぱり「人間は絶滅すべき」なんて言説にはなかなか共感できない人も多い尖った主張だ。故に「反直観的である」という理由でベネターの主張を退けようとする人もいる。そして、ベネターも自身の考えが反直観的であるとは認める。でも、だからといって、それは主張が間違っている根拠にはならない。直観が「偏見の産物」にすぎないことは往々にしてある。人種差別などの差別の問題を考えればそのような例は山ほど思い浮かぶだろう。それに、ベネターやこの私にとっては、「存在しないほうが良い」「子どもを作ることは悪」「人間は絶滅すべき」などは十分に直観的なのである。反出生主義の立場が直観的に合っていると思える人だっているということだ。そういう人がおかしいのだということもあるかもしれないが、「直観」とは別の根拠が必要だろう。「直観」がそれだけで根拠になる理由はない。あるいは、直観と違って共感できなくたって、論理的に筋が通っていると認める人もいる。

(29)『新訂版 生まれてこないほうが良かった』三頁。

また、もっとポジティブに明るい方向で考えたほうが良いと言ってくれる人もいるだろう。しかし、明るい方向に考えることが正しいという根拠もまた、ない。ベネターの言うことが「あまりに悲しすぎる」から耳を傾けなくて良い、ということにはならないのである。勿論、生まれてしまった以上、楽観的に生きていくことは一種の知恵なのかもしれないし、それは大事なことかもしれない。しかし、新たに人間を生み出すか否かという判断を楽観的な希望的観測でして良いことには決してならないだろう。また、ここにも偏見は生じる。悲観主義者は我慢ができない弱い人であるかのように言われることもあるからだ。しかし、楽観主義者は「他の人より幸せかもしれないが、だからといって彼らが正しいわけではない」のである。なお、ベネター自身が、序論で、『生まれてこないほうが良かった』全体の核心となる非対称性の議論について「その私の議論は妥当なものだと信じてはいるが、自分が間違っていることを望まずにはいられないでもいる」と述べている。ベネターは「存在してしまうことが害悪である」と思いたいわけではないのである。ここは強調したい。「存在してしまうことが害悪である」と思いたいわけではないが、今の今に至るまで、そのベネターの論を納得のいく仕方で反駁してくれる人が出てきていないということなのである。

『生まれてこないほうが良かった』の最後で、ベネターは自分の反出生主義が、「人間好き」に基づいているとも語っている。この点には留意して頂きたく思う。人間が嫌いだから、絶滅したほうが良いと思っているのではなく、むしろ、好きだから、「少しでもつらい目にあう人間が減ると良いな」と本気で考えた結果、このような考えに至ったわけだ。故に、このベネターの見解が無視されてしまうとしたら、むしろそちらのほうが人間のためを考えていない行動で、「存在してしまうことの害悪への自己欺瞞的な無関心の結果として生じている反応」であるということになるわけである。

III　反出生主義について考えるうえで重要なこと

1 『生まれてこないほうが良かった』がミソジニーである理由

ミソジニーとは、女性や女性らしさに対する嫌悪や蔑視、軽視を表す言葉だ。『生まれてこないほうが良かった』は中絶に反対の立場を採らないし（それどころか大賛成である）、子どもを作るべきではないという主張はそもそも母親という役割を女性に押し付けるということにつながらない。というわけで、一見、ミソジニーとは逆に見えはする。しかし、中絶は倫理的だと言っておきながら、パイプカットに全く触れていないという点で、『生まれてこないほうが良かった』という本は女性を軽視していると言って良い。

パイプカットとは、男性が行う避妊法で、「精管結紮術《せいかんけっさつじゅつ》」の日本での通称である。ちなみに、英語では、バセクトミー〔vasectomy〕であり、「パイプカット」は所謂和製英語ということになるが、一番知られている名称がパイプカットだと思われるので、ここでも以後、パイプカットという名称を使うことにする。

なお、パイプカット(へのベネターの言及の無さ)の件に初めて触れたのは、『現代思想』二〇一九年一一月号に収録された橋迫瑞穂氏の論文「反出生主義と女性」であると思われる。その注の中で「ベネターのこのような議論においては、例えばパイプカットなど男性側の避妊がほとんど言及されない」と書かれている。[30] また、橋迫氏は次のようにベネターの議論を評する。

しかし、ベネターの議論は不妊や中絶の意味をドラスティックに変えるものではない。せいぜい異なる身体性を持つ、男性に特有の視点で、女性の身体性から「産む性」を取り出してフェティッシュに考察してみせているに過ぎない。つまりベネターの主張からは、「産む性」としての女性を文字通り「産む性」としてのみとらえる、反出生主義の中核的な思想が透けて見えるのである。反出生主義が時としてマチズモを露呈するのも、このような単純な誤謬によるものであると考えられる。

そして何より——あまりにもベタな批判であることは承知の上で——指摘しておきたいのは、反出生主義が「産む性」、すなわち「母」の決断にかなりの比重を置いていることである。そして、「存在することの害悪」を「母」に帰属させてしまうにもかかわらず、中絶ということを軽々と言ってのけることを含めて、逆説的に反出生主義もまた、「母」なるものの呪縛から逃れられていない窮屈な議論であることが指摘される。[31]

ベネターが性の問題に言及するのは、『生まれてこないほうが良かった』の次の著書、二〇一二年の、*The Second Sexism: Discrimination Against Men and Boys*（『第二の性差別——男と男の子に対する差別』、未邦訳）においてである。この本に詳しく言及することは避けるが、題名の通り、成人男性と男の子に対する差別があることを述べている本である。二〇一六年（日本語訳は二〇一九年）のグレイソン・ペリー『男らしさの終焉』と、ある程度、軌を一にする。性別的役割、所謂「男らしさ」の押し付けがあり、苦しんでいる男性たちがいるということを明らかにしているわけだ。しかし、そういった性別的な役割の押し付けは勿論「女らしさ」の押し付けがそもそもあるわけで（こちらがフェミニズムの文脈で長らく問題とされてきたわけだ）、制度や文化における差別において「男もつらいのだ」ということには慎重にならなければいけないのではないかと思う。[32] 性差別は男性にも向かっているものであるという気付きは必要だが、そもそも圧倒的に優位で支配的なのは男性側である。個人的には、自分が男性である経験からしても、（勿論人によるかもしれないが）男のつらさは男であることの「楽さ」と引き換えにしても十分すぎるほどのお釣りがくるものだと思う。

特に子作りにおける負担は非常に女性に偏り過ぎているといって良い。そもそも性行為自体が、

（30）『現代思想』二〇一九年一一月号、一九六頁。
（31）『現代思想』二〇一九年一一月号、一九三頁。
（32）ちなみにペリーのほうがベネターよりも慎重に丁寧に書けているように思われる。

異性間によるものは（つまり子作りに関わり得るものは）、片方にのみいわば侵襲的であるし、出産においては男性の身体的な負担はまさしくゼロである。人工子宮などの開発によって負担は減っていくかもしれないが、それでも平等ということにはならないだろう。精子を体外に取り出すのと卵子を体外に取り出すのを比べるとそこにもまさに侵襲的かどうかで大きな差がある。勿論、中絶においてもそうだ。中絶においても男性の身体的な負担はまさしくゼロなのである。

ここで自白するが、私は産む側の動機の問題を棚上げにしている。そもそもそうした身体性を元々持っていないし、持っていなくて良い男性側から何の言及もなく語っているという事態も問題であろう。出産という経験に関しても、機能に関連して持つ可能性のある「産みたい」という欲求をベネターは無視していると考えられる。勿論それでも、子どものために子どもを生むという事態はベネターの言う通りあり得ない。しかし、「産む」という身体性を持つ人間がいて、ベネターや私はそういった人間とは異なる身体性を持っているという点には、慎重にならなくてはいけない。

というわけで、ベネターが、「男性に特有の視点で、女性の身体性から「産む性」を取り出してフェティッシュに考察してみせている」のはその通りだ。『生まれてこないほうが良かった』の中に、性差に関する言及がないという点で、そしてそれでも倫理について考えることができると考えているだろう点で、女性を蔑視していると考えざるをえない。

2　自殺について

先にも述べたが、原題の *Better Never To Have Been* を「生まれてこないほうが良かった」と訳してしまうのは誤解を生む。そのため、そう訳さないほうが良かったのかもしれないが、この邦題は翻訳を出すころにはもう比較的広まっており、また出版する際の営業的な観点を考えてもそうせざるをえなかったので不用意に訳者を責めるのは非倫理的な行為となる。ともあれ、やはり、先にも挙げた極端な直訳、「決して存在するようにならないことがより良い」が内容を正確に鑑みると適切だと考えられる。ともあれ、問題は「〜のほうが良かった」という言葉のニュアンスだ。お昼の定食屋さんで、ランチを食べる場合を考えてみて欲しい。「A定食のほうが良かった」という場合、例えばB定食も選べたのにもかかわらずA定食を選んでしまったというような前提があって、そう言っていることになる。そしてそれは、ほぼほぼ自分のことを言っていることになる。しかし、先にも説明したが、*Better Never To Have Been* という題名のフレーズには「私」のニュアンスは、英語や日本語でどう読み取ることが自然であれ、この本の内容から考えると無いと考えて欲しい。勿論これは私以外がということではなく、私も含めすべての意識ある存在が、そしてこれから生まれてくる子どもたちもすべてがそうなのだ。主張的にはこれから生まれてくる子どものほうが重要だ。子作りは止めることができるからだ。生まれてこないほうが良いという話なのだ。つまり、*Better Never To Have Been* という題名には、「生まれてこないほうが良かった」と日本語で言った時の自分の後悔や嘆息的なものは、含まれてない。そもそもそう言っている時点で生まれてしまっているのだからどうしようもないし、ベネターの反出生主義の一番重要な主張は「子作りは倫理的に悪」というところになるからだ。というわけで、「私たちは生まれてこないほうが良かったのだということを肝に銘じて嘆息せよ」という主張はない。生まれてきてしまった私たちは、せめてより良く生きるためには、平たく言って人に迷惑をかけまいとするならば、子どもを作らないようにしようということが言いたいわけだ。そこから段階的絶滅などの話も出てきていた。

そもそも「A定食でなくB定食のほうが良かった」という場合なら、一緒に行ってB定食を頼んだ友人が、「俺はA定食でも、全然、問題ないから」と言って交換してくれるというやり方で問題は解消され得る。一人で行った場合でも、どうしてもB定食が食べたいのであれば、追加でB定食を頼み、そんなに食べることができない場合でも、勿体ないことにはなるが、A定食は破棄してもらうということも考えられるだろう。けれどももしかし、「生まれてこないほうが良かった」の場合はそういう訳にはいかない。「生まれてこなかったことにする」ことが十分な形で現実化することは、どう考えてもあり得ないからだ。実は、それは他の行為も同様だ。そもそも先の定食の例でも、友人の手間をかけたり勿体ないことをしたりと、なかったことにするには支払うコストが必要だったわけだからだ。

さて、ここまで考えると、「生まれてしまったこと」をなかったことにするためのコストとして思いつくのが、自殺または自死ということになるかもしれない。しかし、果たしてそれはどういった場合に合理的に選ぶことのできるコストなのだろうか。

『生まれてこないほうが良かった』で語られている内容からすると、生き続けるより死んだほうがマシだと考えられる場合は極めて少ない。そもそも、「存在してしまうことは常に害悪である」という見解は、「死は存在し続けるより良い」とか「自殺は常に望ましい」という言説の根拠にはならない、とベネターは考えている。とはいえ、ベネターはまず、エピクロスの「死は死ぬ人にとっては悪くない。存在している限りその人は死んでいないし、死んでいたら存在していない。つまり人は死を経験できないのだから」といった論やルクレティウスの「私たちは生まれる前の非存在を悔やまないのだから、人生の後に続く非存在を悔やむべきではない」といった論を出しつつ、死が害悪であるとは限らないことを示す。エピクロスによれば、死は「再開不可能な存在の中断」と捉えられる。これに従えば、「死に際して存在している人はいないのだから、それによって害されることも益されることもないはず」ということになる。あるいは、この考えを棄却するにしても、死が必ず「害悪だ」「利益だ」と言える根拠はなく、「どちらでもあり得る」とするべきではないか、とベネターは畳みかけている。

というわけで、ベネター的には「死そのものは、害悪であることもあれば、利益であることもあり得る」わけだ。病気などで苦痛が閾値を超えて死んだほうがマシだと思う可能性はあるし、その場合を考慮に入れるなら、死が常に悪とは言えない。だからベネターは、その場合の自殺は、利益となる合理的判断であり得ると考える。そういう意味では、ベネターは自殺に寛容である。しかし、注意しなければならないのは、「するべき」とは思っていないし、推奨しているわけでは決してない点である。総合的に考えて合理的に判断するべきだと言っているだけなのだ。大抵の場合、自殺はつらいし、また往々にして他者に苦痛を与える。功利的に考えて、人生を続けることと自殺をすることを比べたときに、自殺のほうが良い場合ばかりではない。そのような場合は圧倒的に少ないとおそらくベネターは思っている。他者を傷つけ、自身にも今までにはなかった苦痛を生じさせ、それでもなお明らかに利益がある場合なら良いけれど、そうでないなら生き続けたほうがマシというわけだ。

しかし、世界には、はっきりと、「早めに死んだほうが良い」と考えて、実際に行動したのかもしれない哲学者もいる。それはもはや「反出生主義」ではなく「死奨励主義」と言えるだろう。そうした「死奨励主義」の代表として二〇一七年のジウン・ファン氏の論文「いつでも消滅したほうが良い理由（Why it is always better to cease to exist）」を取り上げよう。(33) その要旨は以下だ。

シナリオC（Xが消滅する）	シナリオA（Xが存在する）		シナリオB（Xが決して存在しない）
(7) 苦の不在（良い）	(5) 苦の不在（良い）	(1) 苦の存在（悪い）	(3) 苦の不在（良い）
(8) 快の不在（？）	(6) 快の不在（悪い）	(2) 快の存在（良い）	(4) 快の不在（悪くはない）

私は、デイヴィッド・ベネターの害と利の価値的非対称性が、害と利の快楽主義的見解と結びついたとき（その時だけは）、死奨励主義を必然的に伴うことを主張する。存在しない者の快楽は奪われず、存在しなくなった者の快楽は奪われるというベネター教授の見解は、どちらの人生が望ましいかという話をするとき、今生きている生とこれから生まれる生では判断が異なるといういくらか不合理な結論を持つ。その結果、ベネターの非対称性を死後の非存在にも適用するべきであることを示し、残された人生が何らかの苦痛を含む限り、存在し続けるよりも消滅するほうがいつでも望ましいと主張する。

ファンは例の基本的非対称性の図を上のように拡張する。左に四つ、（5）〜（8）を付け足している表になるわけだ。問題は（8）の扱いだ。ベネターは始める価値のある生（これから生まれる生）は、続ける価値のある生（今生きている生）よりも高い基準が適用されるべきであると主張するため、ここには「悪い」が当てはまらなければならないだろう。しかし、そうすると、シナリオBとシナリオCで評価が違うという不合理が生じてしまうというのがファンの主張である。例えば、快15と苦5を持つ甲さんと、快70と苦50を持つ乙さんを比べてみよう。この二人について、決して存在しないシナリオBにおいて比べると、快の不在は評価に入れないので、苦の量だけで考えることになり、甲さんの生のほうが望ましい生となる。しかし、生まれて以降は（シナリオAとC）、快苦の両方を計算に入れることになるので、乙さんの生のほうが望ましい生となる。これをファンは不合理だと言い、それを解消させるために（8）にも「悪くはない」を当てはめるべきだと主張する。そのようにすると、シナリオB同様シナリオCでもXは常に存在しないほうが良い、つまりはいつでも消滅したほうが良いということになるわけだ。

しかし、この議論はシナリオBの条件である「Xが決して存在しない」の「決して」を見落としているか、勘違いしている。存在するかしないか分からないのでもなく、まだ存在しないのでもなく、「決して存在しない」なのだ。将来的に生まれる生であれば、それは生まれてしまった生と同じシナリオで考えるべきである。シナリオAを当てはめるべきで、だとすると不合理は生じない。また、シナリオCの「Xが消滅する」は、シナリオAとシナリオBに並べられるものではない。Xが「消滅してしまった場合」のことを考えているのだろうが、消滅してしまったのなら、そして生き返ることがないのならば、シナリオBに含むべきである。そして、「生き返らないほうが良い」というのは言えるかもしれない。

更に、そもそも（5）と（6）を付け加えることは難しいのではないかと思われる。Xが存在する時に、快も苦も存在していないということがあるだろうか。存在してしまったものにとっても、苦がないことは良いことであろうし、快がないというのも、そのことで苦がないのならば悪いことではないだろう。結局のところ、快苦は非対称だということになる。

というわけでベネターの主張に戻ると、生まれてこないほうが良いし、もしかしたら、死んだ後は生き返らないほうが良いということは言えるが、自ら能動的に死ぬほうが良いとは決して言えないのだ。繰り返すが、「死そのものは、害悪であることもあれば、利益であることもあり得る」のである。評価が難しい。そして、多くの人にとって死は恐怖であり、死にゆく際には大きな苦痛を伴うことになる。

悪い冗談でも何でもなく、例えば、私のことを誰かが急に後ろからショットガンで打つような方法で殺してくれる、もしくは研究室にいるときにゴルゴ13のような暗殺者が遠くから私を狙撃してくれてヘッドショットで殺す場合は、少なくとも私にとってはありがたいことだと思われる。ただし、全く私が気付かないうちに、つまり死の恐怖を全く感じずに、そして、その際に苦痛も全く感じずにというのが条件になるので、現実にはほぼ不可能であろう。なお、この死の恐怖も苦痛も全

(33) ファン氏はこの論文を書いた後に、自殺を図るが失敗して、しばらく治療を受けた後に亡くなったという情報がある。しかし、ある心理学者に良い心理療法士の紹介を頼んでいたという証言もあるので、安易に思想と行動を結び付けるべきではないし、そもそもファン氏の死促進主義的な思想は、ベネターの反出生主義からは導かれない。一般的に死んだほうが良いという主張に合理的な理由はない。

く感じずに死ぬのが良いという考えはかなり一般的である。[34] 所謂「ピンピンコロリ」を望むという考えがこれに当たる。寿命と健康寿命が一致するように、健康で長生きしたまま生活し、ある日眠ったまま死んでゆく、といった理想を表す言葉である。しかし、これは一面非常に身勝手な話ではあり、例えば、突然親しい人を亡くしてしまう残される人々へのグリーフケアといったことは全く考えられていない。実際のところ、ピンピンコロリは、死への恐怖を感じない死を願う気持ちよりも、寝たきりで看護を受けているという状態を避けたいといった気持ちから望まれるものであろう。そう考えると、身体が不自由になっても楽しく充実した生活を送れる社会であれば良いということになり、そうあるべきなのは当然である。従って、ピンピンコロリに関しては多くの人々がそれを望んでいるという状況を、つまり多くの人にピンピンコロリを望ませてしまう社会のほうを変えていかねばならないと考えるべきなのである。

他方、ピンピンコロリが、死への恐怖を感じない死ということなのであれば、それを望むのは寝たきりなる状態が予期されるよりもずっと前でも良いはずなのである。やはり残された人にとっては迷惑な話ではあるが、私のように自分勝手に考えれば、若い時でもピンピンコロリを望んでも良いのかもしれない。ただ繰り返しになるが、非常に条件は難しい。死の恐怖を全く感じてはいけないのだから、ちょっとでもその可能性を生活している中で感じないまま、突然の死を迎えるわけだ。先のショットガンやゴルゴ13に頼むような事態を望むことになる。しかし、そこまで突飛な例を想定したとしても、死は身体におけるプロセスであり、瞬間的に死ぬというのがあり得ないのだとすると、本当に短い間にせよ死への恐怖を味わわなければならないのかもしれず、安心とは言えない。無に帰する恐怖の無い死などほとんど望めないのかもしれない。

そういった意味では、やはり続ける価値の問題で、生まれてきてしまった後の話なので、首を吊る、飛び降りる、薬をたくさん飲む、銃を自らに向けて引き金を引く、切腹などの普通に考え得る自殺は悪手でしかない。どれもタイミングを自分で決めるわけだから何らかの形で死の恐怖を乗り越えなければならず、乗り越えたと思っても、死に終わるまでその恐怖が現れる可能性は拭い去れない。その上、途中で命が助かってしまう、死にきれない可能性はどうしたって拭い去れはしない。そして、死にきれなかった時のダメージが大きすぎるのである。また運良く死にきれたとしても、残された人といった要素を考えると、一種の独我論的な考えをするのでなければ総合的にはマイナスの可能性が高い。

しかし、「死そのものは、害悪であることもあれば、利益であることもあり得る」のである。有名なオランダでの合法的安楽死をはじめ、ベルギーやルクセンブルク、カナダ、コロンビア、スペイン、ニュージーランドなどでも認められている安楽死はそういった場合に間違いではないということになるのだろう。

(34) 以下のピンピンコロリについては、拙論「人はいずれ死ぬのに、なぜ生きなければならないのか？」(『現代思想』二〇二四年一月号　特集=ビッグ・クエスチョン所収) にある文章を手直しして挿入している。

大事な話なので少ししつこいかもしれないが、補足しつつまとめておこう。哲学において「死」は重要なテーマであるが、『生まれてこないほうが良かった』においては死がいかなるものかについてはあまり問題ではない。少なくともこの本でのベネターの反出生主義はあくまでも「子どもを作ることは倫理的に悪だ」という主張であり、「死そのものは、害悪であることもあれば、利益であることもあり得る」という見解で十分であろう。そして、両方ともあり得るだけで、死はほとんどの場合、害悪なのである。そのことは反出生主義を支持する理由の一つになる。実際、ベネターは「存在してしまうことが悪いことなのは、ある意味、例外なく存在するのをやめるという害悪へ行きつくからである」と述べる。死という害悪があるから生まれないほうが良いというわけだ。また、こうも述べている。

存在者は存在し続けるのに様々な利害関心を持ちうるからであり、そしてそれ故、人生を続ける価値がないものにする害悪はそうした利害関心を無効にするのに十分なほど深刻でなければならないからである。[35]

一度生まれてしまえば、なるべくなら生き続けたいと思うだろう。これは続ける価値の問題だから、始める価値の問題である「子どもを作ることは倫理的に悪だ」という主張とバッティングするわけではないし、そう主張する反出生主義者も生まれたくはなかったけど生き続けたいと思って良い。今がどんなに幸せでも、生まれてこないほうが良かったと思うことは間違っていないし、「そもそも生まれてこなければ良かったけど、一〇年前の病気の時に死なずに助かって、今生き続けられていて良かった」というのも意味が通る言明だ。始める価値と続ける価値の違いを考えれば理解できる話なのである。そして、自殺は、生まれてしまった後に死ぬことは、続ける価値のほうの問題であり、続ける価値がなくなるほどの害悪は深刻でありレアケースだということになる。やはり、生き続けるより死んだほうがマシだと考えられる場合は極めて少ないとベネターは考えているのである。

(35)『新訂版 生まれてこないほうが良かった』二一六頁。

3 親を責めても良いのか？

さて、自殺は悪手ではあるとはいえ、今の人生がつらい人は多いだろう。ある程度幸せな境遇であっても、もっと幸せであれば良いと思ってしまうこともあるだろうし、今後の不慮の事故や大災等の不安は決して取り除くことはできない。しかし、だからといって、今、生きていることがとてもつらいことを理由に、自分を生んでしまった親を、生んだことに関して恨んだり訴えたりして良いかというと、それはそれで筋の悪い話になるだろう。

「親ガチャ」という言葉がある。子どもは親を選べない。それはまるで、くじを引くようだ。それが、ガチャガチャと言われるカプセルトイマシンにお金を入れて何が出てくるか分からないカプセルを買う話と重ねられて考えられる。それを模したスマホゲームの「ガチャ」が多くの人にはイメージされているのだろう。端的に言えば、お金持ちの優しい親のもとに生まれれば「親ガチャ成功」で、貧しくて乱暴な親のもとに生まれれば「親ガチャ失敗」ということになる。しかし、子どもにとっては出生は能動的にするものではない。他方、ガチャは能動的に引くものだろう。何を言いたいのかというと、能動的にするのは親のほうなので、「親ガチャ」というのはあまり当てはまらない、実際にそぐわない言葉なのではないかということだ。むしろ残酷な話にもなるが、「子ガチャ」のほうが例えとしてはより上手いものになるだろう。

そもそも、今生きていることがつらいということの最大の原因は出生させたところの親かというとそれは場合に拠る。[36] つらい理由は前節でも述べた死の存在、死への恐怖だけではなく様々である。出生がなければそもそもつらくもなんともなかったというのは間違いはないのだが、反面、これまで違う選択をして生きていれば、また、そもそもの状況が違っていたならばそれほどつらくはなかったという場合も考えられる。だとすると、今つらいことの直接的な原因は、自分の選択の問題であるということも十分にあり得るわけだ。勿論、自分ではどうにもならなかった状況もある。親によって自分という存在が作られたことはそれにあたる。しかし、少子化問題が騒がれる中、そうでなくとも出生を奨励される傾向はこれまでも今現在も人間社会には強くあるのだから、親個人を責めることがどの程度妥当かは疑問である。生んだ個人に全ての責任を帰すことが常に正当であるわけではなく、社会的に避けがたかった部分があれば、それついてはいくぶんか免責されて良いだろう。実際今のような社会状況に置かれれば、今はそのように責める側に立っていても、立場が違えばその自分でさえ子どもを生んでしまう可能性はあったし、これからあるかもしれないのである。社会の状況から誘発されてしまうような失敗であっても個人の努力で確実に避けなければならない、というのは過度な欲求だろう。

とはいえ、将来を予想して子どもをいつ作るかの選択は可能だったはずである。そのため、状況を改善せずに生んだことに関しては正当に責めることができると言える。例えば、経済的状況や、子どもに暴力をふるう傾向があるなどの経済的なものにとどまらない環境的状況をそのままにして、何の対処もせずに子どもを作った場合などが当てはまる。しかも、それは生んだ後にも改善の努力をすることはできる。つまり、妊娠中も含め、その後の親としての行動の問題ということになる。この行動に関しては、行為者が親である限り、責任を追及することは最大限に許されるはずだ。親が子どもを存在させた原因は、悲惨な例外を除けば主にその親自身だからだ。つまり、親であるというだけで、親は子どもに対して法で定められている以上の大変大きな責任を持つことになるのだろう。今生きていることがつらく、そしてそれが自分を生んでしまった親の行動や犠牲如何でどうにかなった可能性があるのなら、その親を、生んだことに関してではなくその後の行動に関して、恨んだり責めたりして良いのである。

他方、逆に子どものほうは、親に対して責任を持つことはどのような根拠からもないだろう。勿論良くしてもらったことに恩義を感じてということはあるかもしれないが、それは相手が親でなく

(36) 以下の議論についても、拙論「人はいずれ死ぬのに、なぜ生きなければならないのか?」(『現代思想』二〇二四年一月号所収)にある文章を手直しして挿入している。

とも同じである。親から借りた一万円と他人から借りた一万円、返すときは親に返すほうにより色を付けなければならないというのはおかしな話だ。親というだけで他者よりも親切にしなければならない理由はない。(37)

(37) そのように考えると、日本が民法八七七条一項で親の扶養義務を定めているのは間違っていると言える。年を取った親を支えるのは子どもではなく、社会や国であるべきなのである。

4　子どもを作っては絶対にいけないのか？

ここまでこの本を読んで頂いた方は、子どもを作っては絶対にいけないのだと私が主張しているように思われるかもしれない。しかし、そこまでの強い主張を断定的にできるとまで私は考えていない。なので、ここで付け加えておくが、ベネターの反出生主義の議論は完璧な理論というわけではない。そもそも先述したようにベネター本人が、論駁されることを望んでいるのだ。そのうち論駁されるかもしれないし、実際に今でもベネターは認めなくても論駁したと思っている人はいるし、そのうちベネターが論駁されたと思える説が出てきても、それを更にまた論駁する説が出てくるかもしれない。完全な知を持った人間が存在しないということが確実なら、おそらく、少なくともそれだけは哲学では古くからそうだとされていて多くの人々の直観にも観察にも適っているわけだが、そもそも完璧な理論はないのだ。

ここで少しおさらいするが、ベネターの反出生主義の議論は以下のような構造になっている。

基本的非対称性が、四つの非対称的な事実が説明できるということで支持される
↓
基本的非対称性が正しければ、すべての感覚ある存在は生まれてこないほうが良い
↓
（他者に危害を与えないほうが良いため）子どもを作ることは倫理的に悪である

これを論駁するには複数の方法が思いつくだろう。網羅できないし、パターン化もそれぞれの議論が込み入っているので不正確だが、以下の例を示したい。

①　基本的非対称性における良い悪いの割り当てを崩す
②　四つの非対称的な事実を否定して基本的非対称性の信憑性を崩す
③　四つの非対称的な事実への基本的非対称性以外の他の説明をする
④　子どもを作るという行為はそれでも他者に危害を与えるという行為にはならない、もしくは、子どもを作るという行為は他者に危害を与えても良い場合であるとする
⑤　そもそも誰にとって良いのか悪いのかについて曖昧であるというところを突く

①の方法で、説得的なのは、基本的非対称性の表における「(3) 苦の不在」を「良い」ではなく、「悪くはない」とする方法である。ちなみに、この「悪くはない」も「良くも悪くもない」ということだ。これは⑤の方法とも、③の方法とも重なる。非存在においては良いも悪いもないという話だし、「(3) 苦の不在」を「悪くはない」としても四つの非対称的な事実を説明できるからだ。しかしこれは、非存在や子作り、未来に対して思考を放棄することに繋がると私は考える。確かに基本的非対称性において、(1)〜(4) に割りあてられている良い悪いは相対的であり、そこに居る、もしくは居ることになるだろう人にとっての良い悪いだが、全体を見てシナリオAとBを比較してBのほうが良いという場合は、その二つの世界を比較していることになる。これはむしろ直観的には、「生まれてこれて良かった」という言明も「生まれてこないほうが良かった」という言明も意味は成すので受け入れてしまうかもしれないが、ベネターの「可能的存在についての価値判断」の説明だけでは不十分であると判断する人もいるわけだ。また、そもそも、「(3) 苦の不在」を「悪くはない」というのは次の場合、直観に反しないだろうか。大規模ながけ崩れがあったが、その現場に人がいなくて被害者が皆無だった場合、「良かったぁ〜」と誰しも素直に感じると思うのだ。それは勿論「悪くなかった」ということなのかもしれないが、嬉しくて「良い」ことだというほうが適切で、直観にも適うのではないだろうか。[38]

(38) その上、多分、この世界は色々な点で、大規模ながけ崩れ的世界なのである。

②の方法は実際的だ。四つの非対称的な事実のうち、生殖に関する義務の非対称性が広く受け入れられているものではないと主張すれば良いのである。[39] これは、「産めよ増やせよ」や「富国強兵」的なスローガンを是とする宗教的な人々や国粋主義者が現にいてそのような人々は受け入れないだろうという話である。確かにそのような人々は存在するし、この非対称的な事実を受け入れないだろう。その場合、④にもつながる。人に害を与えないとか、そのような義務以上の義務が、④を主張する人々にはあるのだ。正直に言うと、ベネターの主張は、自由や平等や人権という価値やそれらを称揚する考え方を持つ人々の間でしか通じないものだ。そして実際のところ、それらに関して決定的な根拠を与えるのは難しいだろう。むしろ、ベネターの主張に理解を示すということが、マジョリティ側には根深いマイノリティへの差別が無意識にあろうとも、一応のところで、自由や平等や人権を称揚する側にいることの証左になると言っても良い。少なくとも、生殖に関する義務の非対称性を事実として受け入れることについてはそう言えるだろう。

③の方法の他の説明に関しては、ディヴィッド・ブーニンの「相関的対称性原理」と「実在人物原理」がおそらく一番良い線をいっていると私は考えている。それは次のようなものだ。

相関的対称性原理

（1）苦の存在は本質的に悪い

（2）快の存在は本質的に良い

（3）苦の不在は苦の存在よりも良いが、それは以下のどちらかの場合である
（a）苦の不在が、その人の利益になる実在の人が存在する
（b）苦の存在がある人の存在を要請し、その人は苦の存在に要請されない限りは存在しないのだが、苦の不在が当人にとっての潜在的な利益をより良くもたらすような場合
（4）快の不在は快の存在よりも悪いが、それは以下のどちらかの場合である
（a）快の存在がその人の利益になる実在の人が存在する
（b）快の不在がある人の不在を要請するが、その人は快の不在に不在を要請されない限りは存在し、また、快の存在が当人にとっての潜在的な利益をより良くもたらすような場合

これはやや複雑に見えるかもしれないが、幸福な子どもを作るか作らないかの場合と不幸な子どもを作るか作らないかの場合を想像すると分かりやすい。幸福な子どもの場合は作っても作らなくても不幸な実在の人は存在しないが、不幸な子どもの場合は作った場合にのみ、不幸な実在の人が存在する。そして次の原理も当てはめよう。

（39）デイヴィット・スパーレット「赤ちゃんバンザイ（Hooray for babies）」（*South African Journal of Philosophy*, 2011）がそうだ。

実在人物原理
二つの選択肢のどちらかを選ぶ際、次のような選択をするのは一応[40]、間違いである。それは、その選択に基づいて行動すれば、あなたの行動のせいである人にとって事態がより悪くなってしまう、そんな実在の人がいるということが実現してしまうような、そのような選択である。

とすると、特に「実在人物原理」があれば、生殖に関する義務の非対称性が説明されるのはお分かりになるだろうか。幸福な子どもを生みださなければならないということはどこからも言えず、不幸な子どもを生むのは間違いだということは言えるのである。そして、快苦は、基本的非対称性においてよりも「相関的対称性原理」によってより多くの人の直観に近く対称的に保てる。とすると、幸福な子どもに関しては生んではいけないことはなくなるのである。

④に関して、非対称性を認めても、存在したものの快の量が大きく、また苦の量が閾値を超えていなければ良いと主張するのは、サディアス・メッツだ。閾値とは我慢できる限界ということである。苦痛を我慢しつつ人生の喜びを享受するそのような人を生んでも良いという話だ。どうして生まれた子がそう判断することを予想できるのかという突っ込みはあるが、メッツは、ベネターは第三者への利益や、快や利以外の価値、尊厳や人生の意味などを考えに入れていないという反論もしている。

また、人類はそもそも存続しなければならないのだと考えている大物の学者もいる。ハンス・ヨナスや、非同一性問題と非人格性の倫理を考えついたデレク・パーフィットがそうだ。ハンス・ヨナスは『責任という原理』の中で、幼い子どもは私たちに責任を感じさせるという。そして、責任の主体となれるのは人間だけであり、責任が存在するということに責任を持たなければならないということにより、人類は存続しなければならないというように説く。また、パーフィットは『重要なことについて』の中で以下のように述べている。人類のいる世界はある時点で終焉を迎えるにしてもそれはまだ先であり、人類は発展途上である。世界は地獄で、現在において人類は多くの苦を経験しているが、進歩により苦は減っていき、いつか多くの快を経験するようになる。世界の終焉までの長い長い時間を考えると、多くの快を経験するようになる時間のほうが、苦を多く経験する時間より圧倒的に長いはずだ。それまでに苦しんでいった人々は、苦のない、不幸のない世界のためのいわば犠牲なのである。その犠牲は人類が長く存続すればするほど割合的に少なくなるとパーフィットは説く。なので「最も重要なこと」は「人類の歴史の終焉を避けること」なのだ。

反論の例示はこれくらいにしておこう。しかし、そういった、子どもを作っても良いと何とか考

(40) この場合の、「一応」というのは、prima facie の訳で、もともとラテン語で「一見」、「ぱっと見」といった意味だが、英語でも副詞や形容詞としてそのまま使われる。「反証例が示されない限りは」「今のところ反証例が示されていないので」といったように訳しても良い。「明白な」というように訳すこともあるので、日本語で「一応」というよりは強いかもしれない。

えようとしている人々のほとんどが男性であり、そのことを配慮して議論をしていないようだということは示唆しておきたい[41]。

さてそういったわけで、基本的非対称性を論理的に崩すといった反論はかなり行われている。しかし、人間を新たに存在させるべきではない理由は基本的非対称性から導かれるものばかりではないだろう。端的にこの世が地獄であるといった他の様々な経験的事実からもそう言えるのではないだろうか。勿論、それでも存在するようになる人は存在して人生を生きて幸せだと思う可能性はある。そのことから、存在する以前の可能的存在が、「存在してみたい」と思っていると仮定して子どもを作るという話は分からないこともない。しかし、親である存在が文字通りパターナリスティックに決めつけざるをえないにしても、「不幸になるかもしれない」可能性を考えるのと、「幸福になるかもしれない」可能性を考えるのはどちらが適切だろうか。親は子どもの人生全てに責任を負うなんてことは物理的にもほぼ不可能である。ずっと保護下に置きコントロールし、苦痛を負わせないように計らうということになるからだ[42]。

子作りはロシアンルーレットのようなものだというのは非常に的を射たたとえだ。基本的非対称性が正しければ、そのリボルバーの弾倉には弾は六発フル装填されている（この場合は、そもそもロシアンルーレットにはならないかもしれない）。しかし基本的非対称性が正しくなくても、弾倉が空になることはないのである。様々な事情や現状を考慮して半分にもならないとしたら、引き金を引くのはいかがなものか。まともな大人は、一発でも銃に弾が入っていたら、ロシアンルーレットは行わない。

とはいえ、子作りとその後の子育てにおいて合理的な見通しや条件が整っていれば子作りは許容され得るのではないかと言いたがる人はやはり多い。しかし、そのような主張は、相当に社会的に、というのは知的かつ金銭的にも恵まれた人しか子どもを作ってはならないということにどうしてもつながってしまう。そしてそもそも子どもを作るには両性が必要で、その一連の行為における両性の負担やリスクの不均衡さは、特に日本では激しい憤りをおぼえるほどのものになっている。ある程度でも、それにまつわる複数の行為や状況への倫理的正しさを保つための合理的な見通しや条件と考えていくと、それはもう大変なものとなるだろう。妊娠、出産、子育て、それらを職を持ちながらするということ、それらへの負担を両性が均等に不公平になることなく分け持つことを想像して頂きたい。お互いの認識（知力）と経済力でカバーできることも多いだろうが、そうだとすると

(41) そもそも哲学という分野が、権威主義的で、女性研究者の割合が他の人文系の分野よりも少ない完全にミソジニーのはびこる分野ではある。そして、先にも明らかにしたように、パイプカットについて何の言明もない時点で『生まれてこないほうが良かった』においてもミソジニーは特徴となっている。とはいえ、人類が存続すべきであると積極的に説く、ヨナスとパーフィットが男性であるということにはおぞましさを感じてしまう。子どもを作るときの身体的な負担を彼らは受けることが無く、責任も、社会制度が悪いのかもしれないが、圧倒的に軽いからだ。
(42) しかし実際のところ、それに近いことは多々あり、そのことでむしろ子どもに苦をもたらしている。

先にも言ったように子作りをして良い人としてはいけない人がでてきてしまうし、それを判断する基準も作られることにつながってしまう。[43] 自分のコントロールできることで加害の可能性を事前に差し押さえることができるのならそれはなるべくしたほうが良いわけで、性交時の避妊やパイプカットは、非常に簡単な善行と言えるのである。勿論、今の私の議論は、「他人に悪いことを被らせるべきではないと考えるのであれば」という前提の下での話だ。人によっては、それこそ一人が犠牲になれば一〇人を救えるというような場合にはその一人に悪いことを被らせることが許容されると考える人はいるだろう。その人は④の方法による反論を支持する人となる。メッツもそうだし、正直に言えばオメラスから出て行かない私たちも実際はそうなのかもしれない。極端だが分かりやすい例を言えば、何らかの信憑性のある予言によって救世主を産むことが分かっている場合は子作りが許容されるということはあり得る。「信憑性のある予言」があれば、だが。また、ほとんどの人が実際のところ持っている信念として「他者を害することは自分の利益のためになるのであれば、ある程度まで許容する」というものがある。私たちはそういった信念を、言説として明らかな形で認識していなくても行動において示していると言えるだろう。多くの人が、家族制度を維持し、美味しく肉を食べているのだから。子作りの根底にあるのは、考慮の足りなさ、無自覚さに加えて、そういった信念があるのではないだろうか。

(43) なお、ここでは触れられないが、所謂「親免許制」の議論には優れたものが数多くある。

5 「始める価値」と「続ける価値」の違いをベネターが強調しない理由(44)

というわけで、私たちはだれしも生きているだけで他者を傷つけ続けている。積極的に何かを救済する作業をしていたとしてもそれがすべて補填できるということは考えにくく、救済対象もまた救済された後に他者を傷つけ生きていくことだろう。ならばやはり早いうちに死んでしまったほうが良いのではないだろうか、という考えも出てくるかもしれない。先にも述べた「死促進主義(pro-mortalism)」と言われる考え方がここでも鎌首をもたげてくる。しかし、ベネターの考えでは

(44) 以下、5〜8は、田中智輝、小島和男、福若眞人、樋口大夢、村松灯「出生の可能性と暴力性——出生主義と反出生主義のあいだで」(『教育哲学研究』第一二三号、教育哲学会、二〇二一年、九四—一〇〇頁)にある議論とそのもとになった、二〇二〇年一〇月の教育哲学会第六三回大会におけるラウンドテーブル「出生の可能性と暴力性——出生主義と反出生主義のあいだで」における口頭発表が元ネタとなっている。関係者諸氏に感謝する。

そうはならないのは、「始める価値」と「続ける価値」に違いがあるからというのが大きな理由になると私は説明した。この「始める価値」と「続ける価値」の違いは基本的非対称性よりも反駁の難しいものだと私は思っている。一つでも違う例をあげればそれで済むからだ。誰しも「今考えるとわざわざ始めなくてもよかったけど、ここでやめなくてもよいなぁ」と思ったことはあるだろう。繰り返しになるが、ここでも少し丁寧に説明しておこう。何か物事を「始める」のと「続ける」のは異なった事態である。そして「始めたい」と思う理由と「続けたい」と思う理由は異なる場合がある。事実として、「始める価値」はあったけれども「続ける価値」がなくなることは数多くある。習い事、趣味などがすぐに思い浮かぶだろう。またそれらは「始める価値」も「続ける価値」もあるという状態が途中にある。次に「始める価値」はなかったけれども「続ける価値」がある場合はどうだろうか。例えば親に無理やり始めさせられた習い事を続けている場合などはそうだろう。それも比較的容易に思い浮かぶはずだ。先にもあげたが、ベネターが生を適切にたとえている例がある。「私たちは、生を始めないという判断をすることによりも、終わらせるという判断をすることにより強い理由を必要とする」ことを説明する際に注で「上映されている映画は、見に行かなかったほうが良いというくらいに十分酷いものであったとしても、終わりまで見ないで帰ってしまうほどは酷くはない場合」をあげているのだ。ベネターが映画に言及するのはその注の中だけなのだが、これを私は「映画館の比喩」と名付けて各所で強調している。

「映画館の比喩」において生は映画鑑賞に例えられている。生という事態をより的確に例えるためにもう少し詳細を詰めてみよう。私たちは、当たり前だが、自分の意志で生まれてきたわけではない。よって、この映画館には自分の意志で来ていないことになる。寝ているうちに運び込まれて椅子に座らされ上映開始のブザーと共に起きたと考えよう。席を立って映画館を出るということは生をやめるということだ。自分の意志でそうする場合、つまりそれは「自殺」や「自死」ということになるのだろうが、先にも説明したように「自殺」は全面的に禁じられるようなものではないが、ほとんどの場合は選択すべきではない程非常にリスクが高いとベネターは考えている。そのため、ここでは、落語の「明烏」で若旦那につく嘘のように、映画館を出ようとすると屈強な係員に酷く殴られるとたとえよう。

生をこのようなものだと考えると「始める価値はないが続ける価値は（消極的に）あると言える」ということが分かりやすいのではないかと私は思う。「始める価値がなかったら続ける価値もなく途中でやめるべきである」と考える人は、私に、この「映画館の比喩」が現実的ではない、もしくは生に当てはまるわけではないということを説明しなければならない。そのための一つの方法としては、映画がものすごく楽しいものだ、もしくは逆に酷く殴られてでも続きを見たくないようなものだとする方法があげられるだろう。これまで私が出会ってきた多くの存在は映画がものすごく楽しいということを教えてくれたが、その一方で、主にニュースや学習によって、殴られてでも続きを見たくないようなものだと思わされることも多々ある。まあ、生をどう判定するかということだ。しかし、差し当たり重要なのは「始める価値」と「続ける価値」が異なる場合があるということだ。そして、ベネターは生においては「始める価値」と「続ける価値」において前者により高い基準が適用されるべきだと主張しているわけだ。つまり、生は軽々に始める、厳密に言えば始めさせるべきではないが、一度生まれさせられてしまったら、そこまで生き続けるべきかどうかを真剣に考える必要はないということだ。勿論考え続けるべきだが、生を始めさせる場合のほうがどうしたって深刻だろうということを言いたいのである。なお、ここで言う「価値」は、昨今の「人生の意味」の哲学の「意味」というタームと同じように使っている。そして私はそれを主観的なものでしかないと考えている。この点で意見を異にする学者も多いだろう。ただ結果として私は自分の人生を「生まれてこないほうが良かったが今のところ自殺をしてやめるほどではない」とはっきりと考えている。この私に関する事実だけでも「始める価値はないが続ける価値はある」という場合はないと主張する人への反証となる。人生の意味を客観的なものと考える人にとっては反論の余地はあるが、戦うステージが異なる、つまり人生の意味や価値が主観的なものとするのが妥当か客観的なものとするのが妥当かで論争することになるだろう。

念のためもう一度言っておくと、ベネターは先の「映画館の比喩」を全く強調していない。それはどうしてかをちょっと邪推してみよう。ベネターの考えをもう一度まとめて説明するとこうだ。生まれてこない人は苦痛を免れるが、生まれてきてしまうと誰しも人生の中で、風邪をひいたり、けがをしたりしてしまう。それらはまぎれもなく「避けたいこと」「嫌なこと」であり、苦痛でしかない。また、生まれたら必ず死ぬ。死ぬことに通常は恐怖を伴うし、多くの場合苦痛も伴う。そういった苦痛は、生まれれば確実に味わうことになるが、生まれさえしなければ、こうむることはない。「それでも始めたほうが良い人生なんてあるのか？」と考えるわけだ。このことを基本的非対称性で証明されたとしよう。しかし、先にも述べたが、その証明には穴がある可能性がある。このことは何を示しているのか。おそらく私たちは確実には本当に大事なものに関する価値の判定は難しいのだということを示しているのではないだろうか。だとすると、「映画館の比喩」は更にそのことにマッチする。それが「映画館の比喩」をベネターが強調しない理由だと私は邪推している。一概には言えないが、ベネターは「永遠の相のもとに（sub specie aeternitatis）」判断する、究極の客観的判断が可能であるような前提で話しがちだからだ。

結局ここで私が何を言いたいのかというと、その見ている退屈な映画は、今のところはただただ退屈なものかもしれない。しかしどんな退屈な映画も楽しむ余地を見つけることはできるかもしれないのである。「つまらなさが常軌を逸していて逆に面白い」という事態にもなるかもしれないだろう。そうした発見により、「あの時見るのをやめないで良かった」ということになるのは十分あり得る。というわけでやはり、「そもそも生まれてこなければ良かったけど、一〇年前の病気の時に死なずに助かって、今生き続けられていて良かった」というような発言は十分意味の通じるものになるわけだ。

6　パズル解きか実存的な自分の問題か？

ベネターの反出生主義に関して、とある発言に強く共感されている方が多いようなので、それについても述べておきたい。とある発言とは以下だ。

ただ私がベネターについて結局よくわからないのは、生まれてこなければ良かったという主張を、彼がどこまで彼自身にとっての実存的な問題として主張しているのかということです。反出生主義に対する批判への彼の応答を聞いていると、やはりどこか分析哲学の知的なゲームとして捉えている面があるような気もします。彼にちゃんと聞かなかったのでそこはわかりませんが。ただ、これはけっこうやっかいな問題だと思います。「生まれてこないほうが良かった」と論理的に言えるか言えないかということは、それだけ取り出してみればこれは非常に知的なパズル解きですよね。ただ、みんなでこのパズル解きに熱中して、この問題をそういう方向へ押し進めていったら、本当にこの問題を実存的な自分の問題として抱え込んでいる人たちにとっては、強い言葉を使わせてもらえば、自分たちが侮辱されているような気になると思います。なので、この「生まれてこないほうが良かった」という問題設定の中には、哲学的なパズル解きという面と、自分の人生の根本に突き刺さってくる、本当に切羽詰まった実存的な問題であるという面があります。この二つをいったいどういう距離感をもってわれわれは考えたり議論していけば良いかを、私は考えています。(45)

『現代思想』二〇一九年一一月号の中での森岡氏の発言であるが、氏はこれ以外にも反出生主義の暴力性について非常に鋭い指摘をしており、「この問題を実存的な自分の問題として抱え込んでいる人たちが…侮辱されているような気になる」というのはご指摘の通りではあるだろう。勿論、この言は氏がベネター氏に会ったときの直接の印象を率直に述べられている箇所だと思われるのでここだけを切り取って氏の考えに反論するつもりは全くない。しかし、「侮辱されているような気になる」ということ、まあそういうふうに思ってしまうのは仕方がないにしても、少なくともそれをそのように表明してしまうのは、正しくない、あまりよろしくない、倫理的にいかがなものか、ということを主張したいと思う。

正しくない理由は簡単だ。パズル解きに見えるものがそのパズル解きをしている当人自身にとっての実存的な問題になっていないとは断言できないから、だ。侮辱されているような気になる人たちは、おそらく自分たちはそのパズル解きを自身の実存的な問題と結び付けることができておらず、そういった問題とは遊離した何かだと考えてしまっているのかもしれない。しかし他の人にとってもそうだと断言できる根拠はあるだろうか。おそらくない。あるとしてもそのパズル解きをしている人が真剣にやっているようには見えない等の「どう見えるか」、「どう感じているか」に過ぎないだろう。「そう見えること」と「本当にどうあるか」は勿論同じ場合もあり得るが、違う場合もあり得るのだ。「そう見える」だけでその人の内面を推し量り断言することは正しいことではないのである。侮辱されているようにどうしても思えてしまう場合は、断言せず、そう感じたのだと相手に言い、対話を始めるのが良いだろう。そこで「はい、実存的な自分の問題として抱え込んでなどいませ～ん」という返答があったとしたら、その態度に対しては、それで十分かどうかは分からないが、批判する余地はまだ出てくるだろう。「あなたを侮辱する意図はないがそう聞こえてしまったのなら謝る」という返答を受けた場合は、そう思われてしまった側も言い方を変えて歩み寄ることができるかもしれない。しかし、それは表現や言い方の問題で、相手にもよる。その相手のその時の気分によったりもするのだ。あまり本質的な問題ではない。

更に一つ例を出しておこう。音楽に対して真剣に向き合っている人物、AとBがいたとする。Aはクラシック音楽の演奏者であり、Bはヒップホップのｍｃ、所謂ラッパーだとしよう。Bが音楽

（45）『現代思想』二〇一九年一一月号に所収の「討議　生きることの意味を問う哲学」一一頁。

についてヒップホップをベースに語っているのを聞いてAが侮辱されているような気になるのは果たして正しいことだろうか。クラシックとヒップホップに音楽として優劣があるなどとは、昨今では良識のある人は言わない。この例では、音楽は哲学に、ヒップホップは分析哲学的手法に、クラシックはその他の方法（例えば実存主義哲学的手法）に例えることができるだろう。また、この例に則って更に言うと、クラシックの演奏者が、ヒップホップのすばらしさ、奥深さを体験できないということはない。むしろそれは容易ということもあり得る。先入観を捨て好意をもって関わればヒップホップも好きになることだろう。好みやその人の環境などの事情はあるため、勿論すべての場合にそうだとは言い切れないが、自分たちがクラシックに関わっているのと同じようにヒップホップに関わっている人も真剣にヒップホップに関わっているのだということが分かるだろうし、勿論逆もまた然りだろう。

つまり、自分が真剣に向き合っていることがらに対して、自分とは違う手法で行っている相手に侮辱されているような気になっても、それを相手に言ってしまうのは、むしろその自分とは違う手法（今回の場合はパズル解きの側面）を侮辱していることになってしまうということだ。なので、森岡氏が「彼にちゃんと聞かなかったのでそこはわかりませんが」というのは倫理的に正しかったと言えるだろう。(46)

(46) 皮肉ではないです。フォローです。

7　反出生主義と教育、それと養子について

反出生主義を大学で講じているという話をすると、「教育の現場でそんなこと話して良いのですか？」と言われることがある。「良いのですよ」とヘラヘラ答えるわけだが、質問者は文字通りの質問をしているわけではない。教育の現場でそんなことを話してはいけないと思うし、私は受け入れられないという主張を反語で表現しているわけだ。

しかし、ここまで読んで頂いた読者の方にはもう自明だろうが、教育活動と反出生主義は相反するものではない。そもそも性教育における避妊の例があるので、子どもを作ることに慎重にならなければいけないということは重要な教育に含まれる。教育ないしは教育学において、子どもが誕生することの「善さ」みたいなものが前提とされているのだとしたら、反出生主義はその前提を覆すことだろう。そして、その前提は間違っているということ、および、その間違いは事実誤認なだけでなく倫理的にも不正と言えるものであるのではないかということ、それら二つを反出生主義は示

唆する。つまり「生まれてこないほうが良かった」という文言ではなく「子どもが生まれてくることは良いことである」という文言こそが非倫理的で暴力的だということだ。その時、教育がもし何らかの「善」を目指す行為ならば（少なくとも私はそれを信じているが）、その「子どもが生まれてくることは良いことである」という前提に反省の目を向けなくてはならないのである。

私は、ベネターと意見を全く同じくするわけではない。ただし、「おわりに」で詳しく述べることになるが、子どもを作ることは決して推奨されるようなことではないと考えている「反－出生奨励主義者」であり、かなり「反出生主義」寄りだということは確実に言える。個人的には反出生主義者であると公言することも全く厭わない。「子どもを新たに作ることは倫理的なことではない」という主張は、ベネターや他の多くの反出生主義者の、非常に強い一番の主張なのである。

なお、この現状で「子どもを新たに作ることは倫理的なことではない」というのは反出生主義を用いずとも言えることだ。日本に限っても、全国六〇〇か所を超える児童養護施設に三万人に近い親のいない児童がいる現状で、また里親の制度などがあるにも関わらずそういった児童を放っておいて新たに子どもを作ることに合理的な意味はない。困っている人間を見過ごすことは大抵の場合、倫理的なことではなく、また子どもを作ることは、防ごうと思えば、悲惨な例外を除いては、基本的に防げることだからだ。子どもを育てる力があるなら、なぜその困っている児童を育てずにわざわざ新たに作ろうとするのだろうか。むしろ、不用意な妊娠・出産故の子どもを育てているのでなければ、血の繋がった子どもを優先して育てる、というのはこれまでの文脈をふまえると理解しがたい。それに血の繋がった子どもでなければならない意味を語るその言論はどうしたって非常に差別的で一定数の人を傷つけるものになってしまいかねない。家族の絆というものがあったとしてもそれを血縁を、少なくともそれをメインにして語ることは難しいし、血縁は必要不可欠な要素では決してない。

ただし、これは非常に大事な点なので繰り返すが、私は実際に妊娠し産むという体験を持てるような体のつくりをしていない。自分の身体に負担をかけて産む側ではないのだ。そういった産む側の動機や欲求に関わる重要な問題について、本書では私は愚かしくも棚あげしてしまっている。そのような事態を恥じ入りながらも、決して免罪符としては認められないだろう諸々の事情故に、結局私は語らないよりは語ることを選んでおり、これまでの主張は合理的ではないし倫理的でもないかもしれない。「そのような非合理的で非倫理的な行動を自分に許しているお前に、自分の血のつながった子どもを欲し育てるのを非合理的で非倫理的だと断じる資格はない」という批判は意味の通るものだ。

話を戻そう。そもそも、人を育てるという教育の根本をベネターが語るような反出生主義が揺るがすようなことはないということは、「始める価値」と「続ける価値」の違いから説明できる。教育は、基本的には、「続ける価値」に関わる営みになるからだ。このことが理解できれば、反出生主義がむしろ教育に寄与するものである、もしくは反出生主義が従来の教育に反省を促し、教育をより正しく善へと向けるツールになる可能性があるということも分かるだろう。先の映画館の比喩も思い出して欲しい。退屈な映画に意外な価値があることを教えることも教育では可能かもしれないということだ。そうしたことに教育は貢献できる。教育は「そもそも生まれてこなければ良かった」けれども生き続けてしまう私たちが、それでもこの地獄をより良くよりマシに生きるための手段としてある。

また、その他のあらゆる場合においても、そもそも、反出生主義的なネガティブなスタンスをとっているほうがポジティブなスタンスをとっているよりも優しく誠実で人を傷つけることが少ないとも考えられるのではないだろうか。まず、この世界で「生まれて良かった、人生って素晴らしい」と思えている人はどれくらいいるのか。私が考えている以上に多いということなら良いのだが、それほどいないとすれば比較的多くの人が「人生は苦痛だ」と考えているということになる。少なくとも、全くいないわけはないし、それなりに無視できない数存在するだろう。そうした時、そのような人々に「人生は本当は素晴らしいのだ」と言うことが果たして慰めになるだろうか。「すべての人生には始める価値があって君は生まれてきて良かったのだ」と無責任に言うことは、結果として「価値のある人生と価値のない人生がある」と主張することよりも（そんなことも言ってはいけないと思うが）、もっと残酷なことにはなるだろう。

そうではなく「すべての人生に始める価値はなかったのだ、楽しく生きているような人は勘違いをしているだけだ。苦しいかもしれないがあなたは正しい認識を持っている」と語ることがどれだけの慰めになるだろうか。「これから幸福になれる、頑張ろう」と考えなしに伝えることは非常に無責任で現状、暴力的だと私は考える。責任を持ってそう言える人は議論の俎上にあげる必要がない程、非常に限定されるだろう。「苦しいかもしれないがきみは正しい認識を持っている」と認める態度は、非常に優しい態度となる。そしてそれが真実ならば、真実かどうかは分からなくて諸々考慮したうえで心から妥当だと考えているならば、誠実でもある。反出生主義に至る道はいくつもあるが、『生まれてこないほうが良かった』の反出生主義にはそういった優しい側面もあると私は考えている。

もう少し言葉を重ねれば、幸福で楽しいと思っている人はネガティブな話を聞いても無視すれば良いのだ。話を聞いただけでは状況は変わらないからだ。不幸でつらいと思っている人はポジティブな話を聞いたとき、無視をしてもつらいままである。話を聞いただけでは状況は変わらないからだ。奮い立たせるとか、その逆で怯えさせるとかは、また別の特殊な技術の話だろう。しかし、不幸でつらいと思っている人にその人自身の認識が間違っておらず、実はみんなそうなのだと語ることは慰めであり善行であるのではないか。上の図を見て頂きたい。この図は対称的だが、(2)と(3)を比べた時、教育が担うべき余地は(2)にあるのだろう。

そして教育が何らかの善を目指しているものであれば、「生ま

れてこないほうが良かった」という言を否定すること、出生主義的スタンスをとることのほうが、本来の教育にとっては思想の多様性を無視している良くないことになるのではないだろうか。ある意味それは（1）を強いることであり、傷口に塩を塗ることだからだ。

おわりに　不可知論と反‐出生奨励主義

さて、これまでの話を前提に、私は、生の価値に関する不可知論について最後に述べたいと思っている。[47] 不可知論とは、一般には、物事の本質や神についてなどの哲学的問題に関して、人間には知ることができない、分からないとする立場のことを言う。私の提唱する生の価値に関する不可知論に従えば、生まれてくることが良かったのか悪かったのか、人間は少なくとも今のところ分かっていないということになる。この不可知論はプラトンによって描かれたソクラテスの哲学的立場からインスピレーションを受けたものである。プラトンは『ソクラテスの弁明』において、「私たちのどちらも善美なるものについて知ってはいないのです」とソクラテスに言わせている。[48]

この見解に従えば私たちは未来の世代への責任を持つことができるようになる。なぜなら私たち

(47) 以下の議論は、拙論「反‐出生奨励主義と生の価値への不可知論」(『現代思想』二〇一九年一一月号所収)にある文章を手直しして挿入している。

が作る未来の世代の人々の生は悪いものかもしれないからだ。

　しかし、同様にベネターの言うような段階的絶滅に向かうことが良いという主張もできなくなる。なぜなら生が良いものかもしれないからだ。従って私たちは未来の世代への責任でもって秩序付けられた人間社会を持続していくことができるようになる。[49]ちなみにこの生の価値に関する不可知論は思考を停止することでは決してない。ソクラテスは自分が善美なるものを知ってはいないという自覚をもって哲学をし続けた。結果、ソクラテスは、死が良くないものかどうかは知らないと主張し、死刑を受け入れた。更に、私の生の価値に関する不可知論は決して出産を奨励しない。そういった意味でそれは「反‐出生奨励主義」となり、ここで私はその利点を示したい。私の不可知論に基づくこの「反‐出生奨励主義」はベネターの「反出生主義」よりもより実践的で現実的で哲学的な現実の世界および人間の苦境へのアプローチなのである。

☆☆☆

　まず、ベネターの反出生主義は、存在しないことのほうが存在することよりも良く、生まれてこないほうが良いのであり、生まれてくることは常に害であるとし、子どもを持つべきではないという主張を導いていた。先にも述べたが、ベネターの主張は事実批判されているように、批判することが可能な主張である。しかし一方ベネターもその批判への再批判をしており、この論争は終わらないかもしれず、結論は出ていない。この事実は「存在しないことのほうが存在することよりも良

い」というテーゼも、人類の中で間違いなく真であると結論づけられていないということを示唆している。(50)

次に、パーフィットの非同一性問題についてだが、あくまでもパーフィットは思考実験的なものとして出しているのであろうが、実はこのような問題提起は他にもある。それらの骨子は念のため繰り返すと以下のようなものだ。現世代の人間の選択がどうあろうとも、生まれてくる未来の世代はその選択がされたことと不可避に結びついており、他の選択がされていたとしたらその未来の世代は別の個々の人々になっていただろう。とすると、どのような選択を現世代でしようとも、生まれてきた世代の個々の人々はその選択があったからその個々の人々として生まれてきているのであり、生まれてくることが生まれてこないことよりも良いことだとするなら、現世代のした選択を責めることができないということになる。生まれてくることが生まれてこないことよりも良いことであるならば、その選択がなければ生まれていなかったのだから、いくら危害原理が適用されようとも関係がない。その選択によってどんなに苦しもうが未来の世代の人々にとっては良い選択であっ

(48) プラトン『ソクラテスの弁明』23D (この23Dというのはプラトンの作品の中の箇所を表すことのできる共通の番号。どの翻訳にも付いているはずです。)

(49) 持続していくことが良いことかどうかもまた分からないのだけれども。

(50) 更に、そういったベネターに対する反論の中で、「生まれてくるほうが良い」ということを直接はっきりと言えていたり、また生殖がはっきりと擁護されているものは極めて少ない。

たということになってしまうというのが重要な点である。生まれてくることが良かったのであれば、どのような運命になる子を産もうがそれは良かったということになる。未来の世代をなるべく良く過ごさせようとする義務はなく、苦しんでいる未来の世代がその苦しむ理由を作った世代を責めることは論理的にできないということになる。未来の世代への責任を直観によって基礎づけたりはできるが、すべての人の直観にかなうわけではないだろう。それに、現実問題として私たちの社会は世代間倫理を、未来の世代への責任を受け入れているとは言い難いだろう。つまり、私たちの今の社会は「生まれてくることが生まれてこないことよりも良いことである」というテーゼを受け入れているかのように次世代を作り、かつ未来の世代への責任を受け入れてはいない。それに根拠を与えることに成功していない。未来の世代への責任はあるべきだと考えたくとも、「生まれてくることが良かった」のだとするとそれに根拠を与えるのは非常に難しいのである。

しかし、ベネターが自ら語るようにほとんどの人が受け入れられないだろう「存在しないほうが存在することよりも良い」というテーゼは、パーフィットの非同一性問題を解決することができる。存在しないほうが良いのに生まれさせられてしまっているのだから、未来の世代は端的に生まれさせられたことに関して文句を言うことができる。現世代が、勿論、本当はしないほうが良いのだが、利己的な理由であれ何であれ、あえて子孫を残し続けるのであれば、償えない罪を何とか償っていこうとするがごとく、そういった子孫たちがなるべく快適に生きることのできる環境を残していく義務が生ずるだろう。厳密に考えれば、利己的な理由であれ何であれ、何らかの理由であえてしないというオプションはあり得るが、それを検討するには「償う」という行為自体の是非、またそれがどのような行為なのか、その行為がどのようなものでありうるか分かったとしてそれが実行可能なことなのかなど別の問題になるだろう。

実際のところ、パーフィットの非同一性問題をそれほど真剣にとらえずとも、もし「生まれてくることが生まれてこないことよりも良いことである」としたとき、私たちは未来の世代への責任を持つことができない。正確に言えば、未来の世代への責任に対して、直観やその他端的な断言による根拠は別として、論理的な根拠を見つけられない。そこで、未来の世代への責任に対して論理的な根拠を与えるために、「存在しないほうが存在することよりも良い」というテーゼを持ってくるのはどうだろうか。しかし、もしそのテーゼを受け入れるとすると、そもそも「子どもを持つべきではない」ということになり、更には「人類は段階的絶滅に向かうべきだ」ということになるのはベネターの示すとおりである。そして、段階的絶滅にあたってはベネターも語るように、絶滅に至るその前の世代に大きな苦しみを与えることを容認しなければならなくなってしまう。生み続け存在し続けることによる害悪の総量を考えるとそれは必要なことなのかもしれないが、大きな苦しみを受けるその世代の人々にとっては受け入れがたいことだろう。別の次の世代にその苦しみを引き受けてほしいと思うだろうし、その世代はその先の世代にと思うことだろう。総じて奇跡的に献身的な世代が現れない限り、段階的絶滅は不可能なことのように考えられる。そもそも、ベネターの示すとおり「存在しないほうが存在することよりも良い」というテーゼを人類の大部分が受け入れる可能性は極めて低いし、現実的な問題として今もそれほど受け入れられてはいない。

☆☆☆

というわけで、ここに事実上の困難、アポリアがあることになる。考えた上でどうしたら良いか分からないのだ。私たちにあるのは、「生まれてくることが生まれてこないことよりも良いことである」としたとき、私たちは未来の世代への責任を持つことができないが、それを反出生主義で解決したとしても、そしてその反出生主義がたとえ真実にかなり近いとしても、現実としてほぼ受け入れられないだろうというアポリアだ。断っておかなければならないが、私の主張は「存在しないほうが存在することよりも良い」という主張に対しての直接の反論ではない。少なくとも私の直観にはこの主張はあっているし、ベネターの論は個人的には論理的でかなり説得的ではあると考えている。しかし、それが完全に真であるとは言うことはできない。私にはその能力がないからである。また、その能力が完全にある人は有史以来現れてはいないように思われる。更に先にも述べたようにこの「存在しないほうが存在することよりも良い」という主張は論争の的となっている。論争の的となっているということから言えることは、それが真かもしれないし、偽かもしれないということである。実はこのことを自覚する立場をとると先のアポリアが回避できるのだ。まずはこの立場にインスピレーションを与えたプラトンの描いたソクラテスについて簡単に説明しよう。

『ソクラテスの弁明』においてプラトンの描くソクラテスは法廷で自らのこれまでの人生を語っ

ている。先にも述べたがもう一度説明しよう。ある時ソクラテスはカイレポンという友人がデルポイでもらってきた自分に関する神託を聞いた。その内容は「ソクラテスより知恵のあるものは誰もいない」というものだった。ソクラテスには自分に知恵があるという自覚は全くなかったため、神託を反駁するため知恵があると思われている人々（政治家・作家・職人）と話をしに行く。しかし、彼らは総じて、「他の多くの人々に知恵があると思われていて、特に自分でもそう思い込んでいるが、実際は違う」人々なのだということが判明してしまう。ソクラテス曰く、「私はこの人よりは知恵がある。おそらく私たちのどちらも善美なることを知らないのだが、この人は知らないのに知っていると思っていて、他方この私は知らないのでちょうどそのまま知らないと思っているから。なんだかその小さな点、私は知らないことを知らないと思っているというその点でこの人よりも知恵がある」。そこでソクラテスは神託を下した神の意図をこう考える。「本当は神のみが知恵のあるものであり人間の知恵など取るに足らないものなのだ」と神は言いたいのだと。この神がいかなるものか、知者としての神とはどういう存在かという問題はとりあえずここでは追及しない。人間の知恵が本当に取るに足らないものとして良いのかどうかということも置いておく。また、このソクラテスのエピソードは昔は「無知の知」として知られていたが、今ではよりプラトンの原典に忠実に「不知の自覚」と改められてきている。ともあれ、エピソードから分かるのは、人間は何が良いか悪いかを論じることはできるがソクラテスがあった人々の中にはそういったことについて決定的な知恵を持つ人はいなかったということである。おそらく現代にいたるまでそういった人は出てきていない。いるならばその人に従えば良いわけだが、あらゆる人が説得されて従うようになった指導者はこれまでにいないだろう。

つまり、「存在しないほうが存在することよりも良い」かどうかに関しては、少なくとも今のところは「分からない」というのを前提にしてみるのはどうかということを私は言いたいわけだ。こうすると先のアポリアが回避できる。「存在しないほうが存在することよりも良い」かどうかが分からないとすると、私たちの判断においては、「生まれないほうが存在すること」は良いかもしれないし、悪いかもしれないということになる。「生まれてくることが良い」ということが正しいとは必ずしも言えなくなるため、私たちは未来の世代を作り社会を持続していくにあたって、その未来の世代がよりよく暮らせるようにする義務が生じるであろう。「幸福なこの世での生」を目指すということもできるようになる。確かに神の視点では「良く生み育てる」のは不可能で「すべての生が害悪だ」ということになるのかもしれないが（またそれが私個人の直観にもかなってはいるのだが）、私たち人間にはそれが本当にそうかどうか断言できないのである。従って私たちは未来の世代への責任でもって秩序付けられた人間社会を持続していくことができるようになる。勿論、「生まれてくることは悪いかもしれない」のだから人間社会を持続するべきではないと考えるのも自由である。つまり、子どもを作るかどうかは完全に個人に任せられ、奨励すべきことでも禁止したり責めたりするようなことでもないということになる。勿論、良いか悪いかどちらか分からないのなら、最大の害悪を避けるためにそもそも存在しておかないほうが良く、やはり絶滅に向かうべきだという反論はあろう。この反論は論理的に正しいのかもしれない。しかしそれは、とても受け入れがたく、おそらく永遠に受け入れられないであろう論だ。あくまでも私は実用的で実現可能なアプローチを提案したいのである。

☆☆☆

なお、私のこの立場は思考停止や探求の否定を意味しているわけではない。というのは、私たちは知者ではなくとも、善美なるものを知らなくとも、その条件下で判断を下さなければならないからだ。勿論サイコロを振って判断する選択もあるだろうが、自分の直観と照らしあわせ、これまでの自分と先人の探求の結果を踏まえて考えるのが妥当だろう。私たちは完全な正解が分かって決断して行動していることはない。しかし、決断はしなければならない。その時、知者ではない人間は、どこまで考えるかは自分次第であるが、自分を納得させるために、決断をするために考えることはできるのである。

また、実は私の提唱する不可知論は、「存在しないほうが存在することよりも良い」かどうかが絶対に人間には分からないのだということを主張しているわけではない。今まで分かっていないのであって、明日知り合う人間（もしくは神）が分かっていて教えてくれることもあり得るかもしれないのである（多分ないだろうけれども）。結局のところ何を言いたいのかというと、「絶対人間には分からない」というのを断言することも「知らないことを知っていると思ってしまっている」ということになるということを言いたいのである。私たちは分からないかどうかもまた分からないのだ。そして分からないという基盤があるので試行し、探求し続けることができるのである。そして私たちはその経験を私たち自身の行動に反映することもできる。

つまり、私の提唱する不可知論は、「不可知論」という語の意味を超えているのかもしれないのだが、二重の含みがあるということである。一つは、「生」の価値について、生が良いものか悪いものか私たちは知らないという意味、もう一つは、私たち人間の能力について、生が良いものか悪いものかを知ることができるかできないかということも私たちは知ってはいないという意味である。後者故に思考停止や探求の否定ではないということは言えるわけだ。

☆　☆　☆

ここで、「あなたの言いたいことは分かった。確かに人間は完璧な知恵などは持てないだろう。しかしみなそれを承知で探求の過程として、仮の断言をしつつ議論をしているだけなのだ。だからあなたが改めてこのようなことを言っても何も意味はない」と思う人もいるかもしれない。確かにそうかもしれない。ここで私は、ベネターにもその批判者たちにも、その実質的な内容を批判できているわけでは全くない。皆が承知の「哲学」の大前提をわざわざ話すという、非常に無意味なことをしているのかもしれない。しかし、この私の不可知論は、皆が承知の大前提なのだとしたらそれはそれで根拠が強く、そしてまた更にはそれを強調することで利点がある。

一つの利点は勿論、先の困難、アポリアを回避できるという点である。繰り返しになるかもしれないが、「存在しないほうが存在することよりも良い」かどうかが分からないならば、「存在することが存在しないことよりも良い」かどうかも分からないということにもなる。「生まれてくることが良い」ということは必ずしも言えなくなるため、私たちは未来の世代を作り社会を持続していくにあたって、その未来の世代がより良く暮らせるように試行錯誤する義務が生じ、これは多くの人々の直観と一致するであろう。

二つ目の利点は、先にも書いたようにそれが「皆が承知の大前提」だということだ。人間には何が良く何が悪いかに関して本当に確実な真理というものは手に入っていないという前提を、プラトンが描いて以降今日まで少なくとも哲学に携わる人間は、狂っているのでなければ、受け入れて議論しているのであろう。

三つ目の利点はより実用的な利点である。この不可知論を強調するということは、「存在しないほうが存在することよりも良い」かどうかは分からないというのと同じく、「存在するほうが存在しないことよりも良い」かどうかは分からないのだということを強く訴えることになる。むしろ「生まれる」ということが良いこととは限らないということが強調できると私は考えている。つまり、それは、子作りを奨励するようなナタリズム（出生奨励主義）を「子どもを作ることが良いことだとは断言はできない」という点から否定する立場になる。そこでその立場を「反 - 出生奨励主義」というように呼びたい。この「反 - 出生奨励主義」が現実的に様々な人道的な利益をもたらすことは容易に想像がつくだろう。「生む」ことは称賛されるべきことではなく「生んでくれた親に感謝」しなければならないかどうかは場合による。もっと直截に言えば、子どもは親に感謝する必要はない。また親は「生む」ことで子どもに良いことをしているとは言えず、ひょっとしたら悪いことをしているのかもしれないわけだから、良くしてやる道徳的義務がある。良いか悪いかは別にしたとしても、無断でこの世界に放り込んでしまっているのだから、それに対して責任を取ることは重要だと考えられる。それでも産みたい人は産めば良い。「生」は良いか悪いか分かっていないのだから。更に、人生が暫定的になら良いと思えるように努力していくことは可能なのである。それが絶対にできないとは断言できないから。実用的な利点はたくさんあるように思われる。私の立場は「反‐出生奨励主義」であるため、「出生奨励主義」のもたらすあらゆる弊害を回避することができるからである。

しかし、それらの実用的な利点はベネターの「反出生主義」も持ち得るという指摘もあるだろう。そこで、この「反‐出生奨励主義」がどのような点で「反出生主義」よりも勝っているのかを示したい。

☆　☆　☆

「反‐出生奨励主義」が「反出生主義」と比べて勝っている点は、おおまかに言うと、二つある。一つは「反‐出生奨励主義」はより真理に基づいているという点である。「生が良いのか悪いのか分からない」という言明は、「生は悪い」という言明よりも意味の範囲が広い。「生は良いもしくは良くはない」かつ「生は悪いもしくは悪くはない」を意味している。これらは二つとも完全なトートロジーであり、真理であると言える。善美のことについては何も知らないと語るソクラテスも、こういったトートロジーは例外のようで、トートロジー的な言明については知っていると明言している。かたや「反出生主義」が基づいている「生が悪い」は、私は強く同意するところではあるが、トートロジーと比べてしまってはさすがに分が悪い。

もう一つは、これは派生的で偶然そうであっただけの点に過ぎないが、それが「反出生主義」よりもおそらく受け入れられやすいというところにある。「反出生主義」は、感情的な否定を受けやすい。それに比べて「反-出生奨励主義」は子作りを個人の自由としているので受け入れられやすいだろう。少なくともこの意味で、「反-出生奨励主義」はより実践的だと言えるだろう。

しかし、子作りを許してしまっている点が私の立場の決定的な欠点であると反論する人はいるだろう。いくら理屈をならべても、苦しむ人々を作り出すことは果たして許されるのか。だが私は許す／許されるの問題を語っているのではない。許されずともそれはあり、続くという事実を事実として語っている。つまり、私の立場では、ベネターに言わせれば、「人間の苦境」、私の言葉で言えばこの世の地獄はこれからもずっと続いていくのである。

子作りを容認することでこの世の地獄が続いていくという批判に対しては、その現世が地獄であるという評価、人間は苦境に立っているという判断も「本当かどうかわからない」という不可知論で反論するのは論理的には可能である。しかし、私はそうはしない。「地獄である」と実際に感じ苦しんでいる人に論理的にそうではないと言うことに積極的な意味を私は見いだせないからである。「地獄である」と感じている人は現にいる。それも少なくはない。また地獄を味わっているのは人間だけではなく、動物もそうであろう。

だとすればその地獄を続けるような説はやはり良くないのではないかということになるが、どうしたところでおそらく地獄は長く続いてしまうのである。なぜなら、「生まれてこないほうが良かった」という論が、事実としてものすごく受け入れられにくいからである。そして、この事実もまた、この地獄を構成している。ただ、その地獄でどうしたら良いのか、もしくは人類の苦境にどういう態度でいれば良いのかという問いへの一つの提案が私の不可知論的アプローチなのである。

☆ ☆ ☆

ベネターは人間の苦境に対してどうしたら良いのかという問いに、二〇一七年に出版された『人間の苦境』では、「楽観主義（optimism）」を退け、「実践的悲観主義（pragmatic pessimism）」という戦略をとると良いと言う。私のアプローチは、楽観的でも悲観的でもない。ただこの地獄をニュートラルに受け入れるアプローチである。具体的に言うと、害をなし、それを償うという作業を続けていくというアプローチである。子どもは人類の一部が作らないようにしても、生まれ続けるだろう。「反出生主義」は人口に膾炙しないから。だとすれば勧めるべきことは何かというと、償うことだろう。できるかぎり子どもの苦痛を少なくすること、そして次世代、未来の世代の苦痛を緩和することがすべきことなのだ。完全に責任を取るということはできないし、なかったことにすることもできない。はじめからしなければ良いのだが、それもできそうにない。結果、できる範囲で償い続けていく、そうやってまだマシな地獄を続けていくという人間の苦境に対する次善の策をとるべきなのだ。

また、繰り返しプラトンを引き合いに出して恐縮だが、『パイドン』という作品の中でプラトンは、刑死する前に最後の対話を弟子や友人たちとかわすソクラテスを描いている。ソクラテスは、若き日の自分の哲学に関する経験を語る。ソクラテスは若いころに自然科学に熱中していたが、どうしても万物を結合する善を見つけられなかった。そこでソクラテスは「第二の航海」に乗り出したというのだ。それはつまり次善の策である。ソクラテスは最善の策をとることはできなかったので、二番目の策を行ったのだ。人間の苦境にどう対応したら良いかという喫緊の問題についても、私はこのプラトンが『パイドン』の中で描くこのソクラテスにインスピレーションを受けて述べている。人々が子作りをやめて段階的絶滅に進むという「最善の策」はあるが、しかしそれはベネター自身も認めているように実現しそうにないのだ。従って、推奨していない子作りがなされることによって続いていくこの地獄の中でその都度その都度次世代に対して配慮をし続けるという第二の航海に乗り出すのがより良いこととなる。

更に私の論を繰り返して補強しておきたい。人間にとって不可知論的アプローチは卑怯なくらい強い根拠を持っている。そのことを先にはトートロジーとして説明した。もう一つの説明を加えよう。何らかの議論があり誰かがこう反論したとする。「確かに君の言うことには一理ある。しかし君より賢い人がそれを論駁することはないということを証明できるか」と。私たちは私たちよりも賢い人が考えることをあらかじめ考えることはできない。故にあらゆる結論はそれが真かどうかは本当のところ「まだ分からない」のである。「それを言ってしまってはお終い」的な反応も予想されるが、それは反論にはなっていないし、実は「お終い」ではない。というのは、先に述べた「二重の含み」故に探求はできるのである。また私は、この不可知論的アプローチは結論として人々に受け入れられやすいからという理由で、反出生主義ではなくこちらを受け入れようということを言っているのでは決してない。「人々に受け入れられやすい」というのは、繰り返しになるが、派生的で偶然そうであっただけで、それを理由にして不可知論的アプローチを主張することはしていない。そもそも「受け入れられやすさ」と真理の基準は別のものである。

☆　☆　☆

簡単にまとめたい。まず私はベネターの主張には根本的に賛成である。しかし、その論はほとんどの人には受け入れ難いもので、人類が子作りをやめ、段階的絶滅に進むということは全くなさそうなことである。ではどうしたら良いのか。私たち人間は絶対的な知にはたどり着いていないということを鑑みると、「生まれてこないほうが良い」というのが絶対的に正しいかどうかは本当のところ分からない。故に私は「生が良いのか悪いのかは分からない」という不可知論的アプローチを提案する。このアプローチは一つにトートロジーをもとにしているため論理的に間違ってはおらず、また未来世代への責任を導き出すことができ、出生を奨励しない。実際、子作りを否定するということにはならないため、この世の地獄、人間の苦境は続いていってしまうが、現実的な話、そのような次善の策を私たちはとるしかないのだ。

また、プラトンの描くソクラテスは、「良く生きるとはどう生きることか」を知らないと自覚しながら「良く生きる」ために、「良く」とは何かを探求した。先には「ぺもる」という架空の日本語で説明したことだが、Xが何か分からないのに「Xしろ」という命令に従うためにはまずはXを探求するところから始めなければならないという話だ。Xの探求は直接Xしているということにはならないが、その命令には従っていると言える。それでソクラテスは「良く」を探求し続けた。それは「良く」についての知を求めることだったのであり、すなわちそれが知の愛求、哲学をすることであった。人間が良く生きるには哲学をするしかないのである。勿論これは現代においてはおとぎ話か言葉遊びみたいなものだろう。美味しいレストランを探すことと美味しい食事を楽しむことは別物だと私は思うし、皆が皆、哲学を始めることはないと思うし、哲学をしたからと言ってこの世の地獄から逃れられるということもなさそうに思える。また、現代の哲学はそれなりに地獄の様相を呈してはいる。先にも述べたが、ひどく差別的な社会の中ではぐくまれてきて、権威的で、傲慢で、いまだそのことに反省の無い人々が主に営んでいるからだ。

しかしながら、行為者の存在がなければ、そのような探求はどのような形でもおそらくなされえない。それを根拠に、存在しているほうが存在していないよりも良いと主張することは可能かもしれない。しかしその議論は言わずもがな沢山の反論や批判にさらされるだろう。また更にその反論に対してプラトンや彼の描いたソクラテスの思想から防戦することは可能だ。だがしかしそれはプラトンや彼の描いたソクラテスがそう考えてそう生きていたというだけだ。私が受け入れられる生は自分の生だけである。ソクラテスは最期の日にこう語っている。「僕は僕の言っていることが真実であるとこの周りにいる人々に思ってもらおうと努力するつもりはない。副次的にそういうことになってもかまわないのだが、そんなことよりも他の誰でもなくこの僕自身にそれがそうであると可能な限り思わせようとしているのだ」。実は、生の価値に関する不可知論はこのような立場をも許容する。また繰り返しになるが「生が良いのか悪いのかは分からない」けれども、それは今分かっていないだけで、「人間には決して生が良いのか悪いのかは分からないのだ」ということもまたそうなのかどうか分からないのである。その結果、死ぬまで探求を続けていくことが、可能なのだ。探求即ち哲学をしたからと言ってこの世の地獄から逃れられるということもないわけだが、プラトンの描くソクラテスからすると、良く生きようとする人には最期まで自分に、どう、思え、る、か、を考え続けていくということが要請されるのである。そういった要請も地獄の、人間の苦境の一つでしかないのだろう。勿論そのような哲学の営みを、救いや美しさであると断定できる人間もいるだろうが、そんなことを言える人はおそらく大変恵まれていることを自覚したほうが良い。そのような営みの中で、その人がそこで楽しく偉そうに哲学をしている間に、傷ついている人がいることにも目を向けたほうが良いだろう。いや向けなければならない、と最後に言っておきたい。

倫理だ何だと偉そうに言っている学者は所詮恵まれた存在だからそういうことが言えているだけなのだ。私も含めもう少し謙虚になったほうが良いだろう。

あとがき

ある時から大抵の哲学者や哲学研究者がちょっと嫌いになってしまいました。友達のうちの多くが哲学に関わっていたりしますし、偉い哲学の先生たちに可愛がられお世話になってきましたし(この言い方も嫌だなぁ)、こんなことを言いつつも多分これから二〇年ちょっと、この業界で働くつもりでいるので、あまり大きな声では言えないんですけど。嫌い、というのは、勿論、自分のことも含めてです。というか、主に自分のことを、です。また、嫌いというとちょっと違う気もします。許されない、罪深いというべきでしょうか。繰り返しますが、自分に関して特にそうなのです。何か居心地悪いというか気持ち悪いというか。理由としては私がマジョリティで、権威的な学問を反省なくマジョリティの立場でやってきたからです。私生活でもそうです。そして今更反省したりしても何ともなっていないからです。私は男性で、ある程度筋力があって決して体も小さくはありません(というか太っている)。どこに行っても物怖じせず堂々としていてあまり表立って馬鹿にしたり軽く見たりはしにくい感じの見た目のようで、客引きなども含め、外でからまれて嫌な目に遭ったことは日本を含むアジア地域ではほとんどありません。この社会でかなり生きやすいそんな人間なのです。

そんな自分が一〇年前くらいから、研究しているのが反出生主義です。行き掛かりで翻訳することになり、現代の倫理学についてもそれまで以上に真剣に勉強し始めました。また六年前には少しの間アメリカで暮らす機会があり、自分が人種的にマイノリティになって差別を受ける経験をしました。アメリカで、ある学者（ドナ・ザッカーバーグ、あのザッカーバーグ氏の妹の古典学者です）のバックラッシュについての講演を聞いたり、お会いしていないけど同じ大学にいたジュディス・バトラーの著作に触れたり、脱構築について研究とまでは言えませんが知識を得ていきました。そんな中で、日本のプラトン研究ではデリダのプラトン解釈が顧みられていないこと、アドリアーナ・カヴァレーロの著作（『プラトンにもかかわらず』（*Nonostante Platone*, 1990））が全く話題にもあがらないこと、そもそも日本の哲学界隈の男女比率がおかしいことなどに、遅まきながら気が付きはじめました。するとどうでしょう、これまでの自分のやってきたことが恥ずかしくなり、うすうすは思っていた「生まれてこないほうが良かった」という直観をより深く実感を伴って持つようになりました。本書で述べたようにベネターの反出生主義は生まれたことを後悔する思想ではありません。「子どもを作らないほうが良い」、いや、もっと強く「子どもを作るべきではない」という思想です。とはいえ、私の「生まれてこないほうが良かった」という嘆きは強く、それを根拠なく否定されるのは苦痛でしかありません。「生まれてきて良かった」と思いたい人、「生まれてきて良かった」と思えている人がこの場合はマジョリティになって、この場合は「生まれてこないほうが良かった」と思っているという点でマイノリティの私を酷く苦しめます。

このことは、反出生主義研究の大学業界（？）においても言えます。反出生主義の研究を反出生主義に肯定的に行っている人はほとんどおりません。むしろベネターの反出生主義を、チャリタブルに理解しようとしているのは大学業界以外の方が目立ちます（品田遊氏の『ただしい人類滅亡計画 反出生主義をめぐる物語』（イーストプレス、二〇二一年）や、高間響氏の演劇作品『第32次 笑の内閣 12人の生まない日本人』（二〇二四年五～六月に京都で開演）など）。大学業界では何らかの形で、特に『生まれてこないほうが良かった』は悪名高いとか私の訳は出来が悪いだとか（じゃあ、自分で訳せよという話です）とにかく悪くは言われました。ベネター氏には反対しないといけないよ、という不文律があるかのようで、特に日本ではそのようです。『現代思想』二〇一九年一一月号の反出生主義の特集でもベネター氏は袋叩きにあっています。なので、日本の大学業界で反出生主義に肯定的な研究はできないし、そのような論文は書けないと言って良いでしょう。これを読んで大学業界の人が「そんなことはない」と言いたくて、今後認めるようなカッコいい仕草をしていく方向になってくれればそれに越したことはありません。「小島は間違っていたよ、皆さん公平で賢いだけだったんだね、ゴメンゴメン」と私は言うでしょう。

なお、『生まれてこないほうが良かった』には書かれておりませんが、ベネター氏は大学教員として研究者として現代人として、人種差別の問題やアファーマティブアクションについて一定の見解を示しており、それらについては、私は納得がいっていない、というかそれらのベネター氏の発言には概ね反対の立場です。そして、ある人の書いた本を翻訳したり、研究したりしていても、その人の思想を丸々受け入れなくても良いというのは当たり前ですが確認しておきたいと思います。それと同様に「どこそこで何々と言っているから〇〇は全部ダメだ」みたいな話もやめたほうが良いなと思っています。

あと、あとがきで書いておきたいこととしては、次のことがあります。「子どもを作らないほうが良い」「養子を迎えるべきだ」なんてことを不妊治療を頑張っている人たちにも面と向かって言えるかと私に言ってきた、これから言ってくるであろう複数の人たちに対して「言えるよ」ということ、です。そういった人たちは死刑制度反対の人に「自分の大事な人が殺されても同じことが言えるのか」と言う人たちと同じような感じだなと思います。「言える」というその理由は本書で書いた通りです。そもそも「人の親に言えるのか」という話で、私はたくさんの親に向けてもこの話をしています。社会人向けの講座でも語っていますし。あと、更にそもそも、それなら「生まれてきた人たちに生まれてこないほうが良かったなんて面と向かって言えるのか」という話です。言うどころか本を出版してしまっています。

ちなみに、私はそのように、反出生主義の話をたくさんの親や子の前でし、子どもを作った友人にも拙訳の『生まれてこないほうが良かった』をプレゼントし語り合っています。私のパーソナリティを知っている人は分かると思いますが、私は子どもは大好きなので（育てたこともないのに割と気軽にそう言ってしまっている点に後ろめたさは感じますが）、友人の赤ちゃんには「こんな世界に生まれさせられて可哀想にねぇ。最大限に親に尽くしてもらうと良いよ」と語りかけます。その当の赤ちゃんも含め、みなさん、少なくとも私の前では気分を害したようには見えませんでした。赤ちゃんはニコニコします。多分言われたことが分かっていないから。なお、別に意地悪で言っているわけではないし、皮肉でもありません。同時に、自分の仕事をどのようなつもりでやっていてどんな内容なのかを求められれば求められただけ説明してはいます。今後はこの本を勧めれば楽かな、なんて思っていますが。怒られたことはありませんが、怒られたらとにかく対話を重ねようと思っています。ただそれは、諸々口が達者の自分に有利な土俵で相撲を取るようでちょっと申し訳ない気もしなくもないですが、実際そうするしかないわけで……。話すのが嫌な人や私から離れたい人を引き留めることはありません。

そういったわけで、私は友人にも恵まれ、思い返せば物心がついた後は色々な人に主に好意的に、時には敵対的に、構われ続けてきたので、承認欲求が満たされないということをほとんど経験していません。その点で私は非常に運が良かったし恵まれてきました。今も周囲の人に恵まれてある程度楽しく生活ができています。それは不公平なほどに。そして私に好意的に接してくれた人の人数以上の人を、中には好意的に接してくれたその人を酷く裏切ったり傷つけたりしてきました。これからはしないようにしようと思いつつ、それだけでは自分ではやっぱり済んだ気には到底ならず、そういったことを鑑みて、心の底から自分は生まれてこないほうが良かったと思っています。

さて、本には謝辞がつきものですが、こんなあとがきの後に名前を挙げられると迷惑になる場合があると思いますし、ペットや家族に何かメッセージ的なものを書くのもちょっと行われ過ぎていて、自分がするのは何だか恥ずかしいので止めておきます。出版をして頂いた青土社様、編集をご担当頂いた永井愛様をはじめ、日々支えて下さっている皆様に感謝しております。なお、クローズドで行っている日本反出生主義研究会のメンバーにはいつも一緒に研究してくれて本当にありがたく思っております。

それから迷惑になるだろうこと含みで名前をあげると、哲学作家の飲茶氏、哲学YouTuberのネオ高等遊民氏は、このような各所に敵対的な言明の見受けられる本を出せ出せと急かしてくれました。この本に不十分な点、至らない点があるとしたらお二人のせいです。急かすからだよ。

最後に、この本を購入し、読んで頂いた方に感謝を致します。ありがとうございました。以上です。

二〇二四年九月

小島　和男

文献案内

日本語で読める主な参考文献

アーシュラ・K・ル・グィン『風の十二方位』小尾芙佐・浅倉久志・佐藤高子訳、ハヤカワ文庫ＳＦ、早川書房、一九八〇年。（この中に有名な「オメラスを歩み去る人々」が収録されています）

デレク・パーフィット『理由と人格――非人格性の倫理へ』森村進訳、勁草書房、一九九八年。ハンス・ヨナス『責任という原理――科学技術文明のための倫理学の試み』加藤尚武訳、東信堂、二〇〇〇年。

ジョン・ロールズ『正義論　改訂版』川本隆史・福間聡・神島裕子訳、紀伊國屋書店、二〇一〇年。

エレナ・ポーター『新訳　少女ポリアンナ』木村由利子訳、角川文庫、角川書店、二〇一三年。

江口聡編・監訳『妊娠中絶の生命倫理――哲学者たちは何を議論したか』勁草書房、二〇一一年。

マイケル・サンデル『これからの「正義」の話をしよう――いまを生き延びるための哲学』ハヤカワ・ノンフィクション文庫、早川書房、二〇一一年。

デイヴィッド・ベネター『生まれてこないほうが良かった――存在してしまうことの害悪』小島和男・田村宜義訳、すずさわ書店、二〇一七年（新訂版は二〇二四年）。

ハンス・ロスリング、オーラ・ロスリング、アンナ・ロスリング・ロンランド『FACTFULNESS（ファクトフルネス）――10の思い込みを乗り越え、データを基に世界を正しく見る習慣』上杉周作・関美和訳、日経ＢＰ、二〇一九年。

『現代思想』二〇一九年一一月号「特集＝反出生主義を考える――「生まれてこないほうが良かった」という思想」青土社。

グレイソン・ペリー『男らしさの終焉』小磯洋光訳、フィルムアート社、二〇一九年。

森岡正博「反出生主義とは何か　その定義とカテゴリー」『現代生命哲学研究』第一〇号、二〇二一年、三九―六七頁。

デレク・パーフィット『重要なことについて』森村進訳、全三巻、二〇二二―二〇二三年。

『現代思想』二〇二四年一月号「特集＝ビッグ・クエスチョン――大いなる探究の現在地」青土社。

本書で言及された英語の論文

サディアス・メッツ「命を作る価値はあるのか？」（邦訳は、『現代思想』二〇一九年一一月号に所収の山口尚訳「生まれてこないほうが良いのか？」）＝Thaddeus Metz, “Are Lives Worth Creating?” *Philosophical Papers*, Vol. 40, No. 2, July 2011, pp. 233-255.

デイヴィッド・スパーレット「赤ちゃんバンザイ」（未邦訳）＝David Spurrett, “Hooray for babies”, *South African Journal of Philosophy*, Vol. 30, No 2, 2011, pp. 197-206.

デイヴィッド・ブーニン「存在するほうが良い」（未邦訳）＝David Boonin, “Better to Be”, *South African Journal of Philosophy*, Vol. 31, No. 1, 2012, pp. 10-25.

デイヴィッド・ベネター「考え得るすべての害悪――反出生主義への更なる擁護」（邦訳は、拙訳が『現代思想』二〇一九年一一月号に所収）＝David Benatar, “Every Conceivable Harm: A Further Defence of Anti-Natalism”, *South African Journal of Philosophy*, Vol. 31, No. 1, 2012, pp. 128-164.

デイヴィッド・ベネター「それでも生まれてこないほうが良かった――（より多くの）批評してくれた方々への応答」（未邦訳）＝David Benatar, “Better Never to Have Been: A reply to (more of) my critics”, *The Journal of Ethics*, Vol. 17, No. 1-2, 2013, pp. 121-151.

ジウン・ファン「いつでも消滅したほうが良い理由」（未邦訳）＝Jiwoon Hwang, “Why it is Always Better to Cease to Exist”, October, 2017, Available at SSRN: https://ssrn.com/abstract=3184600 or http://dx.doi.org/10.2139/ssrn.3184600

この本を読んでくれた方にぜひ読んで頂きたい本

本文では言及できませんでしたが、私の本を読んで、反出生主義について、他の人に話をしたり、自分で考えを深めていきたいと思われた方に、まず読んで頂きたいのが次にあげる書籍です。生まれてこないほうが良かったとはいえ、続ける価値としての生の価値は十分に認められるような社会にしていかねばならないと私は思っております。続ける価値の否定は他者を害することに繋がります。反出生主義は決して他者を害するものではありません。今ある生は肯定できるものなのです。それが難しい現状でもなんとか自分の生を肯定していくためにヒントとなるだろう本もあげておきました。


野崎泰伸『「共倒れ」社会を超えて——生の無条件の肯定へ！』筑摩選書、筑摩書房、二〇一五年。

森岡正博『生まれてこないほうが良かったのか?——生命の哲学へ！』筑摩選書、筑摩書房、二〇二〇年。

佐藤岳詩『「倫理の問題」とは何か——メタ倫理学から考える』光文社新書、光文社、二〇二一年。

レベッカ・バクストン、リサ・ホワイティング編『哲学の女王たち——もうひとつの思想史入門』向井和美訳、晶文社、二〇二一年。

飲茶『体験の哲学——地上最強の人生に役立つ哲学活用法』ポプラ社、二〇二一年。

児玉真美『安楽死が合法の国で起こっていること』ちくま新書、筑摩書房、二〇二三年。

カレー沢薫『ひとりでしにたい』講談社。（コミックDAYSに連載中の漫画。二〇二四年九月現在、既刊八巻）

本書は書き下ろしです

小島和男（こじま・かずお）

学習院大学文学部哲学科教授。学習院大学文学部哲学科卒業、同大大学院人文科学研究科哲学専攻博士課程修了。博士（哲学）。専門はギリシャ哲学、反出生主義。著書に『プラトンの描いたソクラテス』（晃洋書房）、共著に『面白いほどよくわかるギリシャ哲学』（日本文芸社）、『西洋哲学の 10 冊』（岩波書店）など。共訳書にデイヴィッド・ベネター著『生まれてこないほうが良かった』（すずさわ書店）がある。

反出生主義入門
「生まれてこないほうが良かった」とはどういうことか

2024 年 12 月 30 日　第 1 刷発行
2025 年 6 月 10 日　第 3 刷発行

著　者　小島和男

発行者　清水一人
発行所　青土社
101-0051　東京都千代田区神田神保町 1-29　市瀬ビル
電話　03-3291-9831（編集部）　03-3294-7829（営業部）
振替　00190-7-192955

装　幀　水戸部 功
本文イラスト　小島みく

印刷・製本　シナノ印刷
組　版　フレックスアート

ISBN 978-4-7917-7688-7　Printed in Japan